LES MÉTIERS DE LA PUB ET DU MARKETING

Fabien BAUGARD
Marie-Lorène GINIÈS

Collection Guides J
Studyrama

	Références
EMPLOI	
1er emploi : connaissez vos droits	292
50 modèles de CV, spécial CAP, BEP et bacs pro	316
50 modèles de lettres de motivation, spécial CAP, BEP et bacs pro	317
100 erreurs à éviter en entretien d'embauche	321
100 modèles de CV	214
100 modèles de lettres de motivation	215
100 modèles de tests de recrutement	276
100 questions posées à l'entretien d'embauche	216
Entretien d'embauche et tests de recrutement	1014
Faire soi-même son bilan de compétences	1018
La lettre de motivation : méthode et modèles	1012
La lettre de motivation efficace	208
Le CV gagnant	207
Le CV : méthode et modèles	1013
Réussir son entretien d'embauche	206
Réussir les tests de recrutement	233
Réussir son bilan de compétences	229
Trouver un emploi sans diplôme	259
Trouver un stage en entreprise	205
METIERS	
Le guide des métiers d'avenir	254
Les métiers de l'aéronautique et de l'aviation	278
Les métiers de l'agriculture et de l'agroalimentaire	268
Les métiers de l'architecture, de l'urbanisme et du BTP	284
Les métiers de l'armée	297
Les métiers de l'audiovisuel	220
Les métiers de l'automobile et de la moto	282
Les métiers de l'hôtellerie et de la restauration	252
Les métiers de l'humanitaire	209
Les métiers de l'informatique	251
Les métiers de l'internet	274
Les métiers de la banque et de la finance	286
Les métiers de la chimie et de la biologie	311
Les métiers de la communication	228
Les métiers de la comptabilité et de la gestion	296
Les métiers de la création	221
Les métiers de la culture	235
Les métiers de la grande distribution	238
Les métiers de la justice	283
Les métiers de la mer	253
Les métiers de la mode	290
Les métiers de la musique et du son	308
Les métiers de la nature et de l'environnement	218

Les métiers de la psychologie	*314*
Les métiers de la pub et du marketing	*232*
Les métiers de la santé	*294*
Les métiers de la sécurité et du renseignement	*256*
Les métiers de la vente	*225*
Les métiers des centres d'appels	*318*
Les métiers des ressources humaines	*267*
Les métiers du commerce international	*227*
Les métiers du journalisme	*273*
Les métiers du livre	*266*
Les métiers du multimédia et de l'internet	*211*
Les métiers du paramédical	*222*
Les métiers du social	*236*
Les métiers du spectacle	*250*
Les métiers du sport	*224*
Les métiers du tourisme	*230*
Les métiers du transport et de la logistique	*279*
Profession : commercial	*312*
Profession : consultant	*244*
Profession : enseignant	*231*
Profession : secrétaire et assistante	*257*
Travailler avec des animaux	*306*
Travailler avec des enfants	*255*

ORIENTATION

Bien choisir son MBA	*263*
Bien préparer Sciences Po	*310*
Comment choisir sa prépa	*291*
Comment choisir son BTS	*287*
Comment choisir son école d'art	*289*
Comment choisir son école d'ingénieurs	*281*
Comment choisir son école de commerce	*280*
Le guide des bacs pros	*305*
Pour quel métier êtes-vous fait ?	*241*
Poursuive ses études avec un bac + 2	*309*
Première année de médecine, réussir ou rebondir	*245*
Que faire avec des études de droit ?	*212*
Que faire avec des études de lettres ?	*226*
Que faire avec des études de sciences humaines ?	*277*
Que faire avec des études de langues ?	*239*
Que faire avec un bac ES ?	*262*
Que faire avec un bac L ?	*285*
Que faire avec un bac S ?	*264*
Que faire avec un bac STI, STL, SMS ?	*288*
Que faire avec un bac STT ?	*275*
Que faire sans le bac ?	*247*

FONCTION PUBLIQUE

Bien préparer les concours de la fonction publique	*210*
Intégrer la fonction publique internationale	*274*
Le guide des concours de la fonction publique	*1001*

ETRANGER

Expatriation, mode d'emploi	*223*
Le guide du CV en langues étrangères	*1002*
Le guide des séjours à l'étranger	*201*
Réussir sa candidature en anglais	*1017*
Trouver un job ou un stage à l'étranger	*293*
Vivre et étudier en Grande-Bretagne	*304*

VIE PRATIQUE

200 sandwichs et en-cas	*319*
250 modèles de lettres pour l'entrepreneur solo	*1009*
300 modèles de lettres pour les particuliers	*1008*
Comment créer votre entreprise	*258*
Créer et gérer une association	*1003*
Découvrez et testez votre intelligence	*1022*
La prise de parole en public	*1016*
Le guide de la prise de notes	*300*
Le guide de la cuisine étudiante	*265*
Le guide de la lecture rapide et efficace	*299*
Savoir gérer son temps	*1020*
Stimulez votre mémoire	*301*
Travailler chez soi	*307*
Trouver un stage en entreprise	*205*

SOMMAIRE

INTRODUCTION   *11*

PARTIE I
Qu'est-ce que la publicité et le marketing ? *13*

1. La publicité   *15*
- Concentration et mondialisation   *17*
- Qui sont les publicitaires ?   *19*

2. Le marketing   *24*
- Où travailler dans le marketing ?   *25*
  - *Les prestataires*   *25*
  - *Les cabinets et instituts*   *25*
  - *Les cabinets de conseils en stratégie marketing et autres agences*   *27*
  - *Les annonceurs*   *27*
  - *La grande consommation*   *28*
  - *Business to Business, informatique et télécoms*   *28*
- Le marketing recrute   *28*

3. La publicité, le marketing, et internet   *30*

PARTIE II
Les métiers *33*

1. Les métiers de la publicité   *37*
- Les métiers commerciaux   *37*
  - *Responsable commercial*   *37*
  - *Vendeur d'espaces publicitaires*   *38*
  - *Acheteur d'espaces publicitaires*   *39*
- Les métiers créatifs   *40*
  - *Directeur de la création*   *41*
  - *Concepteur-rédacteur*   *41*
  - *Directeur artistique*   *42*
  - *Illustrateur*   *43*

Roughman *44*
Maquettiste *45*
▶ Autres fonctions *47*
Acheteur d'art *47*
TV Pproducer *48*
Planner stratégique *49*
Média planner *50*
Agent *52*

2. Les métiers du marketing *53*

▶ L'étude du consommateur *53*
Chargé d'études *53*
Responsable de bases de données *54*
▶ La mise en scène du produit *55*
Chef de produit *55*
Chargé de promotion *58*
Responsable merchandising *59*
Responsable trade marketing *60*

PARTIE III

Se former *61*

1. Les formations universitaires *65*

▶ Les Deug *65*
▶ Le DUT information-communication *66*
▶ Le DUT techniques de commercialisation *67*
▶ Les IUP *68*
▶ La licence information et communication *70*
▶ Les licences professionnelles *70*
▶ Les MST *72*
▶ Les DESS et DEA *72*
▶ Le CELSA *74*

2. Les BTS *78*

▶ Le BTS communication des entreprises *78*
▶ Le BTS communication visuelle *79*
▶ Le BTS expression visuelle, option espaces de communication *80*
▶ Le BTS action commerciale *80*

3. Les formations dispensées dans les écoles — 82

- Les écoles de commerce — 82
  - Les IEP (instituts d'études politiques) — 82
  - HEC (Hautes études commerciales) — 83
  - Les ESC (Ecoles supérieures de commerce) — 84
  - L'ESCP-EAP (Ecole supérieure de commerce de Paris) — 85
  - L'ESSEC (Ecole supérieure des sciences économiques et sociales) — 85
- Les écoles de communication — 86
  - L'EFAP (Ecole française des attachés de presse et des professionnels de la communication) — 86
  - L'ISCPA (Institut supérieur de la communication, de la presse et de l'audiovisuel) — 86
  - L'ESTACOM (Ecole supérieure des techniques appliquées de la communication) — 87
  - L'ISCOM (Institut supérieur de la communication) — 87
  - Sciences com' — 88
  - Sup de pub — 88
- Les formations artistiques — 89
  - Sup de création — 89
  - L'ENSAD (Ecole nationale supérieure des arts décoratifs) — 90
  - L'ENSBA (Ecole nationale supérieure des beaux-arts) — 92
  - L'Ecole supérieure Estienne — 93
  - L'ENSAAMA (Ecole nationale supérieure des arts appliqués et des métiers d'art) — 95

4. Comment choisir son école ? — 96

PARTIE IV
L'entrée dans la vie active — 99

1. Pas de salut sans les stages — 103
- Choisir son stage — 104
- Débuter à l'étranger — 104

2. Comment décrocher un stage ? — 106
- Le CV — 107
- La lettre de motivation — 109
- Dernière étape : l'entretien — 110

PARTIE V
Carnet d'adresses — *113*

1. Adresses professionnelles — *115*
- Les associations et instituts — *115*
- La presse spécialisée — *116*
- Les grandes agences de publicité — *117*
- Les grandes agences de marketing opérationnel — *125*

2. Adresses des formations — *130*
- Les universités par académie — *130*
- Les IUT — *138*
- Les écoles — *152*
  - *Les écoles de commerce et de communication* — *152*
  - *Les écoles dispensant une formation artistique* — *158*
  - *Les écoles nationales d'art* — *161*
  - *Les écoles régionales et municipales d'art* — *161*
- Les IEP — *167*

Lexique — *169*

Index — *177*

Les écoles se présentent — *181*

INTRODUCTION

La publicité n'a pas fini de nous faire rêver. Elle évolue dans sa forme, mais reste constante quant à sa technique et sa méthode. Une campagne publicitaire se construit toujours autour d'un calendrier avec un positionnement stratégique, une réflexion créatrice, la réalisation et l'exécution, et enfin par la diffusion des messages. La création dans les agences s'organise toujours autour de la « copy strategy » (recherche de concept) inventée par Procter & Gamble.

Cependant, le domaine publicitaire a connu d'importantes mutations avec l'évolution des médias et de leurs utilisations. Depuis l'apparition de la publicité à la télévision en France en 1968, des progrès sensibles ont été effectués dans la connaissance des audiences et des techniques de média planning et le développement du marketing direct. Les marchés et les annonceurs s'internationalisent, les agences forment des réseaux et se concentrent en groupes de communication mondiaux. Les marques prennent de plus en plus de place et les publicitaires sont également devenus des consultants en marques et en communication globale.

Enfin, l'apparition d'internet, ce nouveau média apparu en France en 1997, bouleverse les données du marché de la communication. Ce nouveau support publicitaire est complémentaire des autres médias, bien qu'il soit perçu de manière différente : il informe, est interactif et individuel. De ce fait, il amène à un développement du marché publicitaire au moment où la publicité et le marketing sont de plus en plus proches. C'est la raison pour laquelle réunir dans un même guide les métiers de la publicité et ceux du marketing nous semblait judicieux pour tous ceux qui désirent aborder ce secteur professionnel, très compétitif mais tellement passionnant. Ainsi, on peut retenir cette citation de Jacques Séguéla : « *Comment être un bon publicitaire ? En aimant. La pub (...) restera incontournable si elle continue de surprendre le consommateur avec ce qu'il désire.* » A vous donc de surprendre...

PARTIE I

QU'EST-CE QUE LA PUBLICITÉ ET LE MARKETING ?

1. La publicité

Depuis la création de la feuille du bureau d'adresses de Théophraste Renaudot en 1633, la publicité a beaucoup évolué. Elle s'est développée au XXe siècle avec la multiplication des médias et l'arrivée de l'ère de la consommation de masse qui s'est nettement développée après la Seconde Guerre mondiale et les années 60. Ainsi, on peut donner comme repères historiques en France la création de Publicis par Bleustein-Blanchet en 1927, le lancement du premier spot télévisé en France le 1er octobre 1968, ou encore la création de l'agence Roux-Séguéla en 1969.

La publicité a connu des années fastes, notamment dans les années 80 où les agences se sont multipliées. Depuis, la crise est passée par là avec pour conséquence l'effondrement de l'investissement publicitaire.
C'est vrai, il y a eu « la » crise. Les clients – les entreprises – eux-mêmes appauvris, ont considérablement réduit leurs dépenses publicitaires (car, c'est bien connu, en période de crise, le budget publicitaire est l'un des premiers à être réduit) et les marges des agences se sont resserrées. Par ailleurs, le marché a dû essuyer d'autres coups de boutoir comme les conséquences des lois Evin et Sapin, dont la pub a eu beaucoup de mal à se remettre.

LES LOIS EVIN ET SAPIN

Bêtes noires des publicitaires, ces deux lois sont souvent considérées par les professionnels comme en partie responsables de l'effondrement du marché publicitaire au début des années 90.
La première est entrée en application il y a sept ans, le 1er janvier 1993. Elle limite « *la propagande ou la publicité, directe ou indirecte, en faveur des boissons alcoolisées dont la fabrication et la vente ne sont pas interdites* ». Les publicités portant sur le tabac, quant à elles, disparaissent complètement du marché.
Quelques mois après, une seconde loi, la loi Sapin, se fixe pour objectif l'assainissement du marché. L'obligation d'établir, avant toute transaction, un mandat stipulant toutes les conditions de ladite transaction, ainsi que la suppression des commissions d'agence, ont pour objectif de mener à plus de transparence.

Mais, en même temps, la réalité du marché est plus complexe que cela. Beaucoup d'entreprises semblent avoir compris qu'en situation de crise la communication est un enjeu éminemment stratégique.
Entre 1981 et 1982, le laboratoire de recherche Mc Graw Hill a analysé les performances économiques de 600 sociétés industrielles. L'économie ne s'est pas encore remise du second choc pétrolier. Beaucoup d'entreprises réduisent de manière drastique leurs dépenses publicitaires. Les plus audacieuses maintiennent leurs investissements. Le résultat de l'enquête donne à réfléchir : les entreprises qui ont eu la présence d'esprit d'investir durant cette période ont en effet bénéficié d'un important accroissement des ventes. Les autres stagnent, régressent. Et mieux encore : le différentiel de croissance des sociétés qui n'ont pas boudé les investissements publicitaires a perduré au cours des années suivantes. Quant aux annonceurs les plus frileux, ils ont, semble-t-il, pris un retard difficile à rattraper.
La publicité serait donc un enjeu stratégique en période de crise. Ce message est-il passé auprès des annonceurs ? Il semblerait que ce soit en effet le cas.

Si la crise n'a pas sonné le glas de la publicité, elle l'a indéniablement transformée. L'âge d'or de la pub triomphante, clinquante et « m'as-tu vu », appartient à une époque révolue. Le métier s'est assagi. Il n'est plus véritablement porteur de rêves comme dans les années 80. La publicité est devenue un marché mûr, et non plus un métier de pionniers.
La plupart des grandes agences d'aujourd'hui existaient déjà il y a 20 ans. La publicité n'est plus l'Eldorado qu'elle a été. Il y a 20 ans, elle constituait encore une terre en friche : on pouvait se faire tout seul, aiguiser ses armes sur le terrain, voire, carrément, passer d'une fonction créative à une fonction commerciale. Tout semblait possible. Les progressions étaient fulgurantes, les salariés pouvaient même se bâtir une fortune quand ils étaient directeurs associés (en possédant des parts de la société).

Aujourd'hui, le constat est différent. Par exemple, le niveau d'embauche a considérablement évolué. Dans les grandes agences de publicité, on pouvait hier recruter des commerciaux de niveau BTS. Aujourd'hui, il semble bien qu'il n'y ait guère de salut en dehors d'un diplôme de grande école. Et encore, même avec ce passeport royal, il faut, presque toujours, sacrifier à la sacro-sainte règle du stage, qui peut durer trois mois, parfois six, parfois plus. Le prix du ticket d'entrée a considérablement augmenté.

Concentration et mondialisation

Aujourd'hui, la publicité reprend sa place et doit s'adapter à une économie mondialisée.
Sinistré par la crise, le secteur a fait face à ces difficultés en faisant de gros efforts de productivité et en connaissant d'importants mouvements de restructuration. La concentration du secteur s'est extrêmement renforcée. Aujourd'hui, les 20 premiers groupes de l'Hexagone représentent 90 % de la marge brute totale.
Par ailleurs, les agences sont de plus en plus tirées vers une logique de mondialisation. Leurs clients deviennent internationaux. Elles ont donc dû se doter et/ou s'affilier à des réseaux présents aux quatre coins de la planète pour répondre à tous leurs besoins. En dehors de ces réseaux, pas de salut.

Les 10 premiers groupes publicitaires dans le monde en 2001

Groupe	Pays	Marge brute 2001 en millions d'€
WPP Groupe (Ogilvy, JWT, Young & Rubicam)	Grande-Bretagne	8 165
Interpublic Groupe (APL, Lowe)	USA	7 981,4
Omnicom Groupe (BBDO, DDB)	USA	7 404,2
Publicis Groupe (Publicis, Saatchi, Bcom3 Group)	France	4 769,9
Dentsu	Japon	2 795,5
Havas Advertising	France	2 733,1
Grey Global Groupe	USA	1 863,6
Cordiant Communications Group	Grande-Bretagne	1 174,5
Hakuhodo	Japonais	874,3
Asatsu-Dk	Japonais	394,6

Les premiers groupes de communication en France en 2001

Groupe	Marge brute 2001 en millions d'€
Havas Advertising en France	434,3
Publicis Groupe en France	313,8
TBWA France Groupe	212,5
DDB Communication France	202,4
Ogilvy France Groupe	111,7
Mc Cann Erickson Groupe	111,1
Young & Rubicam Groupe	92,8
BBDO Paris Groupe	91,3
Lowe Alice Groupe	86,2
J. Walter Thompson Groupe	43
D'Arcy	39,8
Groupe Grey France	38,1
FCB Groupe France	36,9
Saatchi & Saatchi Groupe	30,1
Leo Burnett Groupe	25
Australie	18,7

Source : www.aacc.fr

Par ailleurs, les groupes diversifient leurs activités. Les petites structures légères d'il y a 20 ans, centrées au cœur de leur métier, ont fait place à des « monstres » — à l'instar de Publicis — qui regroupent plusieurs filiales spécialisées dans chacun des aspects de la « nébuleuse pub-com » : des agences de marketing direct, de promotion des ventes, de relations publiques, de sponsoring, de communication d'entreprise, etc. Face à ces géants, les petites agences sont amenées à se demander si elles ont toujours le droit d'exister.

Qui sont les publicitaires ?

Ce milieu possède l'avantage de briller par l'extrême diversité de ses métiers : sous le même vocable, on trouve en effet des fonctions tout à fait différentes.
Il existe, par exemple, différentes façons d'être chef de pub : en agence (le premier niveau en hiérarchie des commerciaux), en support (celui qui vend l'espace publicitaire d'un média), ou chez l'annonceur (celui qui traite tous les aspects de la publicité : création, suivi, etc.).
D'autre part, sachez que beaucoup de métiers de la publicité sont réalisés en free-lance : roughman, maquettiste, éventuellement créatif, photographe de pub...

On peut donc être publicitaire et travailler dans des endroits complètement différents : chez un annonceur, dans une agence de publicité, dans une centrale d'achats, etc. Par ailleurs, on peut être publicitaire et occuper des fonctions très diverses : commerciales, créatives (concepteur-rédacteur, directeur artistique...), négociatrices (acheteur d'art, média planner, etc.).
Notez également qu'un vent de sagesse semble avoir soufflé sur les salaires. Si les progressions restent plus rapides que dans d'autres secteurs (par exemple, la banque ou la fonction publique), elles ne sont plus aussi fulgurantes et miraculeuses qu'avant.

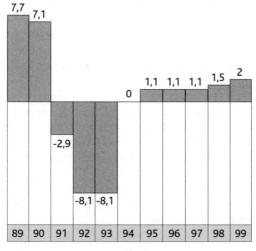

Evolution de l'emploi dans les agences en France

La structure des effectifs en agence par fonction en 2001
- Commercial : 36,3 %
- Création : 27,8 %
- Administratifs et financiers : 11,1 %
- Production : 9,7 %
- Secrétariat, services généraux : 8,2 %
- Etude : 4,3 %
- Direction : 3 %
- Médias : 2,1 %

La structure des effectifs en agence par sexe en 2001
- Hommes : 43 %
- Femmes : 57 %

La structure des effectifs en agence par qualification en 2001
- Cadres : 55,4 %
- Techniciens : 35,2 %
- Employés : 9,4 %

Où travaillent les publicitaires ?

Les publicitaires peuvent travailler dans une agence généraliste, dans une agence de marketing direct, dans une agence promo, une agence santé, une agence de marketing téléphonique ou dans une agence proposant une toute autre forme de communication.

Cependant, les agences, qui sont les maîtres d'œuvre des campagnes, ne sont pas les seules à « faire de la publicité ». Plusieurs acteurs interviennent, à différents niveaux ; ainsi, des milliers de personnes travaillent pour des centrales d'achats d'espace, pour des régies de télévision, de presse, de radio ou de publicité extérieure, ou encore exercent leur activité dans le secteur de la distribution de prospectus.

Par ailleurs, il ne faut pas oublier les équipes concernées par la communication qui travaillent directement chez l'un des 26 000 annonceurs investissant dans les grands médias (les 100 premiers d'entre eux représentent 43 % des investissements publicitaires). A ce sujet, il est bon de savoir, que les dépenses totales de communication des annonceurs étaient estimées à 29 milliards d'euros en 2000 et se répartissaient de la façon qui suit (en pourcentage des dépenses totales).

- marketing direct : 30,9 %
- promotion : 15,6 %
- presse : 15,7 %
- télévision : 13,1 %
- publicité par l'événement : 7,4 %
- relations publiques : 5,4 %
- affichage : 5,3 %
- annuaires et guides : 3 %
- radio : 3 %
- internet : 0,5 %

Quant aux recettes publicitaires des grands médias en France, elles se répartissaient, en 2002, de la façon suivante.

	Recettes en milliards d'euros	Evolution 2001/2002 en %
Presse	4,708	- 3,9
Quotidiens nationaux	0,455	- 14,3
Quotidiens régionaux	1,008	0,3
Magazines	1,613	- 2,5
Spécialisés	0,62	- 11,6
Gratuits	0,892	0,7
PHR	0,12	0,8
Télévision	**2,921**	**1,9**
Ecrans	2,761	1,7
Sponsoring	0,16	5,2
Publicité extérieure	**1,085**	**- 3,9**
Affichage grand format	0,514	- 5,8
Mobilier urbain	0,243	1,2
Transport	0,241	- 4
Autres	0,087	- 5,4
Radio	**0,713**	**9**
Publicité nationale	0,551	10
Publicité locale et Ile-de-France	0,162	5,9
Cinéma	**0,074**	**3**

Source : AACC.

Il faut donc noter une certaine désaffection des publicitaires pour la radio, même si 98 % des foyers sont équipés d'un poste, et si 80 % des Français déclarent l'allumer quotidiennement. Ce phénomène peut, en partie, s'expliquer par le fait que la publicité radiophonique est figée, statique, et qu'elle ne montre pas le produit en situation. Le message est livré à l'état brut, il ne s'accompagne pas d'images, contrairement à ceux que l'on passe dans la presse et à la télévision. D'autre part, à en croire certains, les spots radio ne font pas preuve d'une imagination débordante...

Si l'on se rappelle parfaitement certaines publicités papier ou télévisuelles, qui pourrait, en effet, citer spontanément une publicité radiophonique ?

Après l'explosion des radios libres dans les années 80, le paysage radiophonique commence à peine à atteindre sa maturité. Il s'est en quelque sorte structuré. Pour relancer le marché, un prix a même été créé pour récompenser les meilleures publicités radiophoniques.

Top 20 des annonceurs 2002

Rang	Annonceur	Investissement en 2002 en millions dëeuros	Evolution 2002/2001 en %
1	Renault	273,84	–
2	Universal Music	190,42	7,3
3	Carrefour	177,63	3
4	Lever Fabergé	169,55	40,1
5	NestlÈ	169,3	- 13,8
6	Citroën	160,82	9
7	Cegetel/SFR	156,24	28,4
8	Peugeot	153,52	4,3
9	E. Leclerc	152,82	24,7
10	Danone	152,38	83,2

11	Orange	141,54	5,4
12	France Télécom	140,21	- 3,7
13	Procter & Gamble	127,43	12
14	L'Oréal Paris	114,2	16
15	Wanadoo	107,93	13,5
16	Auchan	105,34	1,7
17	Ford	103,88	- 4,6
18	Ferrero	102,42	6,7
19	Sony Music	99,08	11,3
20	Bouygues Télécom	92,07	8,6

Source : www.strategies.com

Les investissements publicitaires grands médias en parts de marché en 2001
- Distribution : 11,20 %
- Alimentation : 10,20 %
- Transport : 9,60 %
- Services (banques, assurances...) : 8,60 %
- Toilette-Beauté : 7,70 %
- Télécoms : 7,40 %
- Culture - Loisirs : 6,10 %
- Edition : 6,10 %
- Information-Médias : 5,50 %
- Boisson : 3,50 %
- Habillement-Accessoires-Textile : 3,30 %
- Voyage-Tourisme : 2,90 %
- Entretien : 2,20 %
- Informatique : 2,20 %
- Publicité financière : 1,70 %
- Autres : 11,90 %

2. Le marketing

Né au début du XXe siècle aux Etats-Unis, le marketing s'est constitué en discipline et en fonction dans les années 50. Il consiste à observer et analyser l'environnement de l'entreprise. Ainsi, il analyse les tendances socioculturelles, les comportements des acheteurs/consommateurs, le comportement des concurrents, les contraintes administrativo-légales, etc.

Il se décompose en quatre grands types d'actions :
- l'observation/analyse ;
- l'aide à la décision ;
- l'organisation de la commercialisation ;
- le contrôle/ajustement.

C'est également une « philosophie managériale » qui influence la politique générale de l'entreprise et un état d'esprit guidé par la passion de la compréhension, de l'interprétation et de l'anticipation des comportements des consommateurs et des politiques des offreurs.

Méthode propre à la société de consommation, le marketing implique certaines techniques : la connaissance du marché, la connaissance du produit, la connaissance de l'environnement et l'action sur le marché. Ainsi, les instituts d'études ou les annonceurs effectuent des études de marché, de motivation, font une recherche publicitaire, des incitations promotionnelles, une élaboration de l'emballage-conditionnement, la recherche de noms de marque, etc. Le marketing est un outil qui doit permettre à l'entreprise de vivre et de prospérer, il lui permet donc de savoir quoi vendre et à qui. Aujourd'hui, le marketing est impliqué dans beaucoup de secteurs de la vie économique tels que les banques, la mode, le tourisme, l'industrie... et n'est plus seulement l'apanage de la consommation : les politiques s'en servent ainsi que les organisations à but non lucratif, d'où son étroite symbiose avec la publicité.

Où travailler dans le marketing ?

Les prestataires

Chargés d'effectuer des études qualitatives et/ou quantitatives sur les habitudes des consommateurs, les agences, instituts ou cabinets ont pour objet de préparer la stratégie marketing de l'annonceur. Ils permettent ainsi de donner une vision du marché.

Les cabinets et instituts

Ils effectuent des études et des sondages pour donner aux entreprises une orientation précise sur leur stratégie marketing. Certains instituts sont spécialisés en études quantitatives faites auprès d'échantillons représentatifs d'une population, nécessitant des personnes de terrain et des bases de données. Ces instituts réalisent également des sondages d'opinions, notamment à finalité politique. Médiamétrie, Secodip, CESP (Centre d'études et de support de la publicité), Sofrès, Ipsos, Ifop, BVA sont les principaux organismes qui effectuent des enquêtes quantitatives en France.

Les différents instituts d'études

Instituts d'Études	Téléphone	Internet
BVA	01 30 84 88 00	www.bva.fr
Conseils Sondages Analyses	01 41 86 22 38	www.csa-fr.com
Consodata	01 41 27 20 60	www.consodata.com
Goldfarb Consultants	01 44 54 82 10	www.goldfarbconsultants.fr
Ifop	01 45 84 14 44	www.ifop.fr
Ipsos	01 53 68 28 28	www.ipsos.com
Institut Louis Harris France	01 55 33 20 00	www.louis-harris.fr
Médiamétrie	01 47 58 97 54	www.mediametrie.fr
Millward Brown	01 55 56 40 00	www.millwardbrown.com
RECMA	01 40 15 02 92	www.recma.com
Secodip	01 39 65 56 56	www.secodip.fr
Sofres	01 40 92 66 66	www.sofres.com
Yacast	01 56 28 59 28	www.yacast.fr

L'étude quantitative

L'étude quantitative est la forme originelle de l'étude de marché. Elle a pour objectif de mesurer et de quantifier, avec intégrité, différents phénomènes de l'achat et de la consommation (types de produits consommés, fréquence d'achat, notoriété d'une marque, etc.) et, dans le cas d'enquêtes par sondage, d'extrapoler les résultats obtenus sur des échantillons de population à ces populations mères et ce, compte tenu d'un niveau déterminé d'erreurs. L'étude quantitative peut être réalisée *ad hoc* ou de façon longitudinale. Elle est de plus en plus souvent combinée à d'autres méthodes d'investigation en marketing, comme l'étude qualitative ou l'ethnomarketing.

L'étude quantitative se déroule sous forme d'enquête par sondage *ad hoc*. C'est-à-dire une enquête ponctuelle réalisée à l'aide d'un questionnaire auprès d'un échantillon de population : identification du problème et de la méthode d'enquête, élaboration du questionnaire, élaboration du plan d'échantillonnage, administration de l'enquête auprès des sondés (face à face, voie postale, téléphone, terminal informatique), la saisie et l'analyse des données et enfin la rédaction et la présentation du rapport d'enquête.
Les études longitudinales sont étalées dans le temps et sont réalisées à partir d'un échantillon permanent appelé panel. Ces panels sont composés de consommateurs, de points de vente ou de professionnels. Ainsi, on peut citer comme exemple le panel mixte Behaviorscan de Marketing Scan (Médiamétrie/GFK) implanté à Angers auprès de 3 000 ménages et sept grandes surfaces. Les télévisions de 2 000 de ces ménages sont équipées de telle sorte qu'elles puissent recevoir des spots publicitaires spécifiques, ce qui permet d'en étudier les effets, à court terme, sur les comportements d'achat et de consommation.

D'autres cabinets ou instituts sont davantage spécialisés dans les études qualitatives qui ont un aspect plus psychologique, comme Insight (www.insight.com), le Centre de communication avancée (www.lecca.com), ou Demoscopie.

L'étude qualitative

L'étude qualitative est une démarche à caractère exploratoire qui a pour objectif d'identifier et d'expliquer certains aspects du comportement du consommateur, tels que les motivations, les attitudes, les intentions, les croyances, les goûts, les préférences, etc. Si les différentes techniques d'étude qualitative portent sur des sous-ensembles de la population mère étudiée ou des segments de clientèle, les résultats obtenus ne peuvent en aucun cas leur être extrapolés. Ces techniques se sont développées à mesure que les comportements de consommation devenaient plus complexes et que la dimension affective imprégnait l'acte d'achat. Elles reposent sur les réunions de groupe, les entretiens individuels, les techniques projectives (qui consistent à parler d'un objet sous forme imagée), la technique des questionnaires et les techniques d'anticipation (actions à engager pour qu'une marque devienne plus performante et plus adaptée à l'environnement concurrentiel et économique instable).

Les cabinets de conseils en stratégie marketing et autres agences

Les cabinets conseils réfléchissent sur le positionnement de produits : ils agissent en tant que consultants. Les agences de publicité, quant à elles, ont également des services marketing avec lesquels les chefs de publicité travaillent en étroite collaboration. Les agences de marketing direct ont recours aux mailings, aux phonings, au Minitel ou à internet (par le « push », ensemble de vecteurs de communication poussant l'information vers son destinataire) pour attirer le consommateur ; elles sont très utilisées par les sociétés de vente par correspondance. Enfin, les agences de promotion, réalisent des opérations de promotion de produits dans les grandes surfaces, magasins...

Les annonceurs

Un jeune diplômé travaillera de préférence d'abord chez un prestataire où il se « rodera » à toutes les techniques du marketing. Il passera ensuite chez l'annonceur où la rémunération est supérieure mais le travail moins varié, ayant à développer sa stratégie autour d'une seule marque. Les professionnels du marketing (chefs de produits en majorité) y sont au nombre d'une dizaine de milliers.

La grande consommation

Premier recruteur, ce secteur regroupe l'agroalimentaire, les lessiviers, le luxe, les cosmétiques, la santé. Parmi eux, on peut citer BSN, Nestlé, Unilever, Colgate-Palmolive, Procter & Gamble, LVMH, L'Oréal, , Rhône-Poulenc...

Business to Business, informatique et télécoms

Ce secteur du marketing de l'entreprise à l'entreprise est également appelé marketing industriel : automobile, banques, assurances... Les secteurs de l'informatique et des télécommunications recrutent pleinement à l'heure actuelle avec le développement du téléphone mobile et de l'internet.

Le marketing recrute

Les cabinets et instituts d'études recrutent des diplômés en psychosociologie, en ethnologie, en sémantique, en gestion option marketing, de l'Ecole nationale de la statistique et de l'administration économique (ENSAE, INSEE), des IEP (instituts d'études politiques). Les chefs de produits pour les agences et les annonceurs sont recrutés avec un profil école de commerce ou de niveau minimum bac. Dans le secteur de la santé, les visiteurs médicaux sont embauchés au niveau bac + 3. La grande consommation recrute des directeurs marketing, chefs de groupe, chefs de produit (bac + 4) et le B to B, l'informatique et les télécommunications emploient des services clients, télémarketeurs, directeurs marketing ou produits de bac + 2 à bac + 4/5 avec une formation type BTS force de vente ou école de commerce.
Les formations varient donc et tous les profils sont acceptés, mieux vaut se renseigner auprès de l'entreprise.

QUELQUES EXEMPLES D'OFFRES D'EMPLOI

L'Ifop recrutait dernièrement :
• un chargé d'études senior grande consommation de formation bac + 5, ESC, IEP avec une expérience de trois ans en institut d'études ;
• un directeur d'études publicitaires de formation bac + 5 en marketing avec cinq ans d'expérience en institut.
BVA recrutait également :
• des enquêteurs par téléphone de niveau bac + 2 ;
• des chargés d'études quantitatives débutants et seniors avec une formation en école de commerce ou DESS, la maîtrise d'au moins une langue étrangère et une expérience en institut.
Conclusion : débuter en institut semble parfois nécessaire !

3. La publicité, le marketing, et internet

Avec 420 000 internautes en 1996, 7 millions en 2000, et 20 millions en 2003, le secteur de l'internet français rattrape l'avancée américaine et les annonceurs l'ont bien compris.

280 millions d'euros : telle est la somme générée en termes de revenus publicitaires pour l'internet en France au cours de l'année 2003, contre 153 en 2001... Internet attire un nombre croissant de professionnels et les annonceurs sont donc de plus en plus nombreux à « s'installer » sur le web.

La plupart du temps, les publicités se présentent sous la forme d'un bandeau (appelé aussi « bannière ») sur lequel doit cliquer l'internaute afin d'accéder au site de l'annonceur. Si ces bannières ont connu un relatif succès lors des balbutiements du web, il semblerait qu'elles subissent aujourd'hui une certaine désaffection. C'est la raison pour laquelle les créatifs se creusent la tête afin de rendre les publicités plus attractives. On assiste même à la création d'agences spécialisées en communication sur le réseau.
L'avenir serait aux publicités « actives », se présentant sous la forme de bandeaux animés, enrichis de sons et de vidéos. Certains semblent déjà réfléchir au moyen de mettre en place un système de bannières personnalisées et de pubs ciblées envoyées par e-mail aux abonnés des fournisseurs d'accès... Versions modernes, en somme, des publicités personnalisées que l'on trouve régulièrement dans notre boîte aux lettres ! Au premier semestre 2001, 75,5 % des investissements publicitaires sur internet se présentaient sous forme de bannières, et 15 % sous forme de sponsoring.

Autre manne pour la publicité sur internet : l'avènement et le développement des « portails », ces sites qui proposent des programmes complets (infos, actualité, météo, événements live, tourisme, jeux, etc.) et qui vivent en plus ou moins grande partie de la publicité. Aux Etats-Unis, internet représenterait déjà un véritable concurrent pour la télévision.

Il existe une autre façon de communiquer sur le web : créer le propre site de la marque. Intérêt : pouvoir changer ou transformer le contenu de certaines rubriques (promo, découverte, etc.) dès que le « taux de clics » baisse d'une façon trop conséquente. Ainsi, plusieurs groupes publicitaires ont d'ores et déjà créé leur département internet et de nouvelles entreprises se sont montées.

Les 10 annonceurs les plus actifs en ligne en 2002

Rang	Secteur	Nombre de bannières	Classement 2001
1	France Télécom	1 421	France Télécom
2	Partir pas cher	1 067	Tiscali
3	Travelprice	619	M6Web
4	IBM	560	Travelprice
5	Tiscali	526	Bertelsmann Online
6	Renault	468	Fnac.com
7	Conforama	457	Société Générale
8	eBay	441	Microsoft
9	Dell	431	Sports.com
10	M6Web	406	eBay

Source : www.journaldunet.com

Répartition des investissements dans l'e-pub en 2002 en parts de marché
- Télécommunications : 20,13 %
- Services : 12,45 %
- Voyage-Tourisme : 12,42 %
- Transport : 7,58 %
- Informatique : 5,27 %
- Distribution : 5,24 %
- Culture-Loisirs : 4,04 %
- Divers : 32,6 %

Source : www.journaldunet.com

Pour en savoir davantage sur le secteur de la publicité et du marketing, nous vous conseillons de vous rendre, entre autres, sur les sites suivants :
• www.aacc.fr : site de l'Association des agences conseils en communication
• www.adetem.org : site de l'Association nationale du marketing
• www.e-marketing.fr : le portail des professionnels du marketing
• www.lsa.fr : le site de la grande consommation
• www.strategies.fr : site du célèbre magazine *Stratégies* dédié à l'économie de la communication et des médias
• www.toutsurlacom.com : pour vous tenir au courant de l'actualité de la communication et des médias
• www.uda.fr : site de l'Union des annonceurs

DIX BONNES RAISONS DE SE LANCER DANS LA PUB OU LE MARKETING

• ces deux secteurs proposent une grande variété de métiers ;
• les salaires, même s'ils sont redevenus raisonnables, peuvent grimper assez rapidement en comparaison d'autres secteurs ;
• les progressions de carrière peuvent toujours être rapides ;
• les métiers de la pub et du marketing permettent souvent de côtoyer des profils et des personnalités très différents (clients, créatifs, artistes, photographes, illustrateurs...) ;
• même s'il se montre assez stressant, le travail n'en reste pas moins motivant ;
• ce sont des professions jeunes, où la hiérarchie ne se fait pas trop sentir ;
• soyons francs, ces deux secteurs proposent des métiers qui flattent l'ego ;
• ce sont des secteurs vivants, qui possèdent de multiples facettes et qui n'engendrent pas la monotonie ;
• ils permettent de toujours rester à la pointe, de se tenir au courant des nouveautés, et d'être au cœur de l'actualité ;
• ces métiers sont aujourd'hui reconnus à part entière. Sérieux et structurés, les départements pub et marketing ne sont plus considérés comme des joujoux inutiles servant à justifier la présence (souvent coûteuse !) du fils du patron.

PARTIE II

LES MÉTIERS

Les noms de métiers cités dans cette partie sont des termes génériques, l'appellation pouvant être différente selon la société pour laquelle le « publicitaire » ou « le marketeur » travaille.

1. Les métiers de la publicité

Au total, l'industrie publicitaire regroupe quelque 120 000 professionnels, qui se partagent des métiers très variés. Les carrières proposées par la publicité s'articulent généralement autour de deux axes : le commercial et la création ; certaines professions demandant de manier avec art tel ou tel aspect de ces deux catégories.

Les métiers commerciaux

On sait à quel point les budgets consacrés à la publicité de certains produits peuvent s'avérer colossaux. Inutile donc de préciser que les publicitaires chargés de promouvoir lesdits produits ne se voient accorder aucun droit à l'erreur. Car, si la publicité est censée générer du rêve et de nombreux autres sentiments tout aussi respectables les uns que les autres, elle n'en reste pas moins, au départ, une affaire de « gros sous ». D'où l'importance des services commerciaux qui servent en quelque sorte de lien entre les annonceurs et les différents services d'une agence.

Responsable commercial

Autrefois appelé « chef de publicité », il est aujourd'hui aussi désigné sous le terme de « responsable clientèle ». Il sert de lien entre l'annonceur et l'agence, représentant l'un ou l'autre selon les circonstances. Il défend les intérêts de l'agence chez le client, mais l'incarne également un peu vis-à-vis des autres salariés de l'agence pour laquelle il travaille.

Avec les différents membres de l'équipe stratégique et créative, il réfléchit donc à la meilleure politique publicitaire à adopter en étudiant plusieurs données telles que l'état du marché, l'identité du produit ou de la marque, etc.

Il est chargé de définir une stratégie de communication qui soit à la fois adaptée au produit et conforme aux *desiderata* de l'annonceur, puis d'établir un document qui en reprendra les points essentiels. Cette sorte de cahier des charges, baptisé *copy strategy*, servira de base de travail aux créatifs.

Formation : bac + 4/5 en commerce ou communication (type CELSA).

Salaire : entre 29 100 et 32 600 euros bruts annuels.

UN MÉTIER RELATIONNEL

Marie-Christine Petit, la quarantaine, est chef de projet dans une agence d'édition publicitaire. Après son baccalauréat et une prépa HEC, Marie-Christine s'est dirigée vers la publicité en intégrant l'Ecole supérieure de la publicité. « *J'ai tout de suite trouvé du travail dans l'agence FCE comme assistante puis j'ai été chef de pub junior pendant six ans dans la même agence ; nous avions de beaux budgets et c'était très diversifié. Ensuite, l'édition publicitaire m'a tentée : il s'agit de développer des argumentaires de publicité commerciale. J'ai donc intégré Burke Communication et j'y suis devenue chef de projet. Nous avons des équipes artistiques, de production et commerciales. La tendance actuelle est à se diriger vers le consumer magazine, du type Epok (Fnac), ou Picard. Nous défendons des catégories de produits vendus dans des enseignes qui sont des outils d'images.*
Dans mon métier, il faut aimer le travail d'équipe, être à l'écoute de tout ce qui se fait au niveau de la consommation, connaître les tendances, les envies des gens. On doit travailler de plus en plus dans l'urgence, cela nécessite d'avoir des repères assez cadrés ; nous jouons sur des plannings très serrés. Le plus difficile dans ce métier est que les entreprises n'ont pas toujours de brief précis, elles attendent qu'on les briefe sur leur produit. »
Marie-Christine recommande d'effectuer un maximum de stages afin de bien connaître toutes les étapes. « *Il faut même faire ceux dont on n'a pas envie, afin de bien comprendre les différents processus du métier, mais de préférence choisir les grandes agences, qui ne sont pas toujours faciles à obtenir...* »

Vendeur d'espaces publicitaires

Appelé aussi « commercial en support », il ne participe pas à la chaîne publicitaire proprement dite. En fait, son rôle consiste à vendre les espaces publicitaires de tel ou tel support. Le plus souvent, il officie pour le compte d'une régie ; parfois, mais plus rarement, il opère au sein du support lui-même.
Si l'acheteur d'espaces publicitaires travaille pour une marque, le vendeur, lui, est chargé de défendre le support qui l'emploie. Les relations qu'entretiennent ces deux commerciaux se rapprochent donc des rapports classiques qui existent entre un acheteur et un vendeur.

Tous deux possèdent pourtant des points communs, notamment en ce qui concerne le devoir d'étudier scrupuleusement les audiences, les tirages ou les scores du support concerné mais aussi des supports concurrents.

Formation : BTS communication des entreprises, école de commerce.

Salaire : entre 18 288 et 54 876 euros bruts annuels.

SAVOIR VENDRE AVANT TOUT

Nathalie Roul, 27 ans, est directrice de la publicité culturelle aux *Inrockuptibles*. Après un bac C (aujourd'hui S), Nathalie a suivi une prépa puis a enchaîné sur une école de commerce. En fin d'études, elle a intégré les *Inrockuptibles* comme stagiaire puis a été incorporée à l'équipe. *« J'étais déterminée à travailler entre le marketing et la publicité. Au journal, il y a différents domaines : la musique, le cinéma et la littérature ; nous devons donc travailler avec ces partenaires et proposer des argumentaires. C'est à la fois commercial et stratégique : on monte des opérations de promotion, des plans de financement. C'est un métier varié, et quand on a un retour sur l'investissement, c'est gratifiant. Il faut aimer le jeu. Il n'y pas de profil type ; il faut tout d'abord aimer vendre et choisir un domaine que l'on affectionne particulièrement. Il faut pouvoir développer des argumentaires, être intuitif en fonction de l'interlocuteur. En ce qui concerne la formation, cela n'est pas le principal atout, il faut savoir vendre et cela dépend de la personnalité de l'individu. C'est un métier de contact avant tout. »* Nathalie reconnaît qu'être une femme dans un métier de la publicité où il faut vendre oblige à se faire respecter, *« on constate tout de même un certain machisme dans ce milieu. »*

Acheteur d'espaces publicitaires

Acheter quelques secondes de radio, de télé, ou un encart dans un magazine, négocier cet espace publicitaire au meilleur prix : telles sont les fonctions de l'acheteur d'espaces publicitaires. Il joue un rôle crucial dans le sens où c'est à lui qu'incombe la lourde tâche de faire en sorte que la publicité soit diffusée.
Officiant la plupart du temps dans une centrale d'achats, il est également parfois appelé à jouer un rôle de conseil, celui d'expert média. Un acheteur possède souvent sa propre spécialité (presse, télé ou radio).

Audiences, tirages, etc., il analyse ce qui marche, cherche à connaître ce qui touche au mieux la cible visée. Rapidité d'esprit, goût pour les chiffres, les calculs et les statistiques sont de rigueur.

Formation : BTS communication des entreprises, DUT information et communication (option publicité), école de commerce.

Salaire : de 18 288 euros bruts annuels pour un débutant à 45 732 euros bruts annuels pour un acheteur confirmé.

INTERNET, UN MÉDIA TRÈS RÉACTIF

Avec le développement d'internet, de nouveaux métiers sont apparus ou s'adaptent à ce support. Ainsi, les professionnels de la publicité, notamment les commerciaux, y trouvent un nouvel élan.
David Licoys, 25 ans, est chef de pub chez Real Media, une régie publicitaire spécialisée dans l'internet. Avec une formation en école de commerce, David s'occupe du marché des enchères, des télécommunications, du commerce des fleurs et des biens culturels. Il est chargé de ramener de la publicité sur les sites web. « *Nous nous situons entre l'annonceur et l'éditeur de sites : nous vendons de la publicité sous forme de bannière ou de boutons. Nous intégrons également des contenus avec du sponsoring dans des modules (petits encadrés) ainsi que du co-branding avec une charte graphique. Nous calculons la valeur au taux de clics, ce qui s'assimile au marketing direct auprès du consommateur. J'aime ce nouveau média qui est très réactif, complémentaire des autres médias. Nous travaillons dans des processus décisionnels très courts et il faut oser se lancer. Il n'y a pas de formation type, bien que les écoles de commerce aident à comprendre et nous permettent d'être opérationnels tout de suite parce qu'on nous a appris l'univers de l'entreprise. On doit s'adapter très vite, être à l'écoute et savoir prendre des risques.* »

Les métiers créatifs

La création constitue la carte de visite, la vitrine de l'agence. Ce domaine représente sans conteste le secteur chouchou des candidats à la publicité. Ses métiers comptent, en effet, parmi les rares à faire encore rêver. La réalité n'est pourtant pas tout à fait telle qu'on l'imagine. Finie l'ère des autodidactes et des apprentis faiseurs de formules chics et d'images chocs dont le recours suffisait, à lui seul, à assurer la réussite d'une campagne. En mûrissant, le secteur s'est structuré et professionnalisé.

Directeur de la création

Souvent issu d'une formation beaux-arts ou arts déco, il est chargé de superviser le travail du directeur artistique et du concepteur-rédacteur (voir ci-après).

Formation : école de graphisme, beaux-arts.

Salaire : 118 000 euros bruts annuels.

ÊTRE LE PLUS ORIGINAL POSSIBLE

Marc Demazières, la quarantaine, est directeur de création chez Publicis. Après un bac B (aujourd'hui ES) et un début un peu chaotique, Marc prend goût à l'écriture puis, par relations, entre dans une petite agence de publicité comme rédacteur. Depuis, il a intégré Publicis. « *Mon métier consiste à trouver des idées liées aux médias, à se servir des stratégies marketing pour définir le message publicitaire. Il faut connaître le produit, faire un mélange d'idées et une synthèse de tout cela. J'aime faire des films, rencontrer des réalisateurs, chercher des idées. On applique sans arrêt un mélange d'irrationnel et de rationnel, on se retrouve dans des créations que l'on doit remodeler, on se doit de donner du temps à la création. En revanche, le stress est assez pesant et il n'y a pas de logique : il faut se ressourcer sans arrêt malgré les délais que l'on doit tenir. Nous sommes liés à un marché qui est très évolutif.* » Marc conseille aux étudiants de multiplier les expériences, d'apprendre le métier dans les bonnes agences, de regarder ce qui se fait ailleurs et de connaître les plus belles campagnes.

Concepteur-rédacteur

Savoir trouver le mot juste, traduire la pensée de l'annonceur, mettre des mots sur une idée, trouver la formule magique : telles pourraient être quelques-unes des définitions du poste de concepteur-rédacteur. Son travail effectué, il doit soumettre et faire accepter son texte, que l'on appelle *body copy* dans le jargon des publicitaires. Puis, à l'aide de son *alter ego*, le directeur artistique, il doit illustrer au mieux son slogan.

Si l'esprit créatif et le sens de l'accroche sont toujours de rigueur, le fait de savoir rédiger ne constitue plus, aujourd'hui, la qualité maîtresse requise. Enfin, plus seulement... Là encore, le secteur s'est professionnalisé. Et si le métier comptait hier encore d'anciens journalistes et professeurs en mal de reconversion, ils sont désormais de plus en plus rares à figurer dans les rangs. Pourtant, pas facile de connaître l'origine de ces créatifs. Venant d'horizons variés (écoles de commerce, lettres, droit...), ils ont tous en commun une excellente culture générale et (comme la majorité des créatifs d'ailleurs) de nombreux stages à leur actif.
Pour reprendre l'expression consacrée, on retrouve aujourd'hui dans ce métier de nombreux « fils de pubs », autrement dit des jeunes élevés dans et à la culture pub. Mais après tout, n'est-ce pas en se frottant au milieu publicitaire que l'on s'initie le mieux à son jargon ?
L'évolution la plus classique mène vers la direction de création.

Formation : BTS communication des entreprises, mais ce n'est qu'un exemple.

Salaire : de 52 400 à 88 800 euros bruts annuels en fin de carrière.

Directeur artistique

Sa fonction est indissociable de celle du concepteur-rédacteur. Si l'un se consacre au texte et au message, l'autre s'occupe du visuel. Sans la réussite du travail de l'un, point de salut pour le travail de l'autre. Par exemple, la célèbre campagne « *Demain, j'enlève le haut* », lancée il y a une quinzaine d'années pour Dauphin, n'aurait certainement pas eu le même impact si en lieu et place de la sculpturale jeune fille présente sur l'affiche, on y avait trouvé une mégère acariâtre affublée de bigoudis, ou une banale ménagère poussant son chariot dans les allées d'un supermarché !
Au concepteur-rédacteur de trouver le slogan, au directeur artistique d'en imaginer l'ambiance et d'en illustrer l'histoire. A l'aide de différents logiciels (X-Press, Illustrator, etc.), il doit mettre en scène et en images une idée... en respectant évidemment les contraintes budgétaires imposées.
Bon à savoir : créer prend du temps ; ainsi, cinq à six mois sont généralement nécessaires à la concrétisation d'une idée (car pour une idée retenue combien sont jetées au panier ?).

Formation : école de graphisme, beaux-arts.

Salaire : un DA peut gagner jusqu'à 46 400 euros bruts annuels en fin de carrière.

RECHERCHER DES IDÉES NOUVELLES

Jean-Claude Cardiet, 42 ans, a été directeur artistique (DA) dans une agence d'édition publicitaire. Après les Beaux-Arts à Nantes avec une option illustration, Jean-Claude a effectué différents stages avant d'être engagé comme assistant DA dans une agence de communication toujours à Nantes. Il entre ensuite chez Bélier à Paris (aujourd'hui absorbé par Havas), troisième agence à l'époque, en tant que DA junior. Par la suite, il intègre une petite agence spécialisée dans les annonces, le packaging et la communication globale. Il reste ensuite onze ans dans une agence d'édition publicitaire comme directeur artistique. « *Mon travail consistait à concevoir visuellement une annonce publicitaire à partir du brief d'un client. Je travaillais dans le pôle rédaction où j'étais le coordinateur de la mise en page graphique, des photos, du style de rédaction, avec une équipe de roughmen et de maquettistes. Aujourd'hui, le métier a évolué et le DA doit faire la maquette et le suivi de PAO (publication assistée par ordinateur). J'ai travaillé pour de grands budgets comme Evian, pour une communication globale et des campagnes de presse nationales. J'aime la recherche d'idées nouvelles, la combinaison d'idées. Le plus contraignant est le changement de brief qui se fait de plus en plus au dernier moment, les clients ont peur de prendre des décisions. Cela remet en cause le travail de l'agence et bien sûr la compétition avec les concurrents, mais c'est également stimulant. On investit beaucoup dans ce qui est incertain.* » Jean-Claude préconise surtout une formation sur le terrain, d'aller voir les imprimeurs, les photograveurs et également de s'intéresser aux médias, de lire toute la presse, regarder l'actualité internationale, de bouger d'agence en agence et bien sûr de connaître parfaitement les logiciels de PAO.

Illustrateur

Personnages naïfs ou stylisés, ambiance design ou « cartoon », graphisme ultra travaillé ou dépouillé à l'extrême... A chacun son style. On ne fera donc pas appel au même illustrateur suivant qu'il s'agisse de promouvoir une voiture familiale ou une boisson destinée aux adolescents.

Contacté par le directeur artistique ou l'acheteuse d'art, il se retrouve, dans la plupart des cas, en compétition avec d'autres

« collègues ». On lui remet une sorte de cahier des charges hyper précis, suivant lequel il devra fournir un ou plusieurs dessins destinés à illustrer la campagne.

Il exerce le plus souvent en free-lance, ce qui implique un fastidieux travail de démarchage auprès des directeurs artistiques et/ou des acheteuses d'art, afin de se faire connaître et reconnaître en présentant un book qui reste le meilleur des passeports.

Formation : école d'art.

Salaire : le prix d'une illustration varie considérablement en fonction de la notoriété de son auteur (de 750 à 2 200 euros par illustration). Cependant, sachez qu'il convient d'ajouter au tarif initial, des droits de diffusion, qui, comme leur nom l'indique, fluctuent en fonction de l'importance de la campagne (nombre d'affiches, d'annonces presse, etc.).

Roughman

Pour en reprendre la traduction littérale, le travail de ce professionnel du dessin publicitaire consiste à effectuer des croquis et des ébauches de la future campagne. S'il travaille dans l'audiovisuel, il troque son titre de roughman pour celui de « storyboarder » : on lui demande alors d'esquisser entre une dizaine et une vingtaine de plans afin d'illustrer le scénario.

Officiant le plus souvent en tant que travailleur indépendant, il est, comme l'illustrateur, d'abord contacté par le directeur artistique ou l'acheteuse d'art. On lui explique alors l'histoire, on lui détaille le message à faire passer, ainsi que les différentes subtilités du scénario (l'action se déroule dans un champ de pâquerettes ou à l'intérieur d'un salon Louis XV, compte deux enfants ou 300 figurants, a lieu en plein cœur d'une nuit noire ou sous le soleil brûlant d'une île tropicale, etc.). A lui d'en restituer au mieux l'atmosphère en proposant une série de planches qui serviront de base à la future affiche, au futur spot ou à la future annonce presse.

Formation : école d'art, BTS communication visuelle.

Salaire : variable selon la taille de l'agence et la notoriété du roughman.

UN TRAVAIL DE GUIDE

Philippe, roughman : « *Selon l'expression consacrée, nous devons souvent rendre nos croquis pour... la veille ! Nous ne disposons que de très peu de temps pour travailler. Un bon roughman doit être à la fois rapide d'esprit, il ne dispose d'aucun droit à l'erreur pour ce qui est de la compréhension du message à faire passer, et rapide dans l'exécution de ses dessins, car les délais à tenir sont très courts. "L'artiste" qui sommeille en chacun de nous doit s'effacer au profit de la demande. Nous ne sommes pas là pour réaliser une œuvre d'art mais pour satisfaire les exigences du client. Attention, cela ne signifie pas pour autant que notre mission se résume à la simple fonction de "porte-plume" du directeur artistique ou du directeur de création. Même s'il est vrai que nous devons illustrer au mieux leur idée, il ne faut pas oublier que ce sont nos dessins qui serviront de colonne vertébrale à la réalisation de la future publicité, en guidant le travail du photographe ou du réalisateur.*
Le meilleur passeport pour entrer dans la profession reste le passage par une école d'art et, naturellement, la possession d'un excellent coup de crayon. Mon conseil aux débutants : munis de leur book, ils doivent s'armer de courage et de patience pour démarcher inlassablement les agences, afin de se faire connaître. Après, peut-être pourront-ils se payer le luxe de s'offrir les services d'un agent qui, moyennant une commission, accomplira à leur place les travaux administratifs... »

Maquettiste

Il intervient, pour ainsi dire, en bout de chaîne, c'est-à-dire lorsque tous les éléments de l'affiche ou de l'annonce presse ont été déterminés. Œuvrant en étroite collaboration avec le duo concepteur-rédacteur/directeur artistique (et aussi parfois avec le directeur typo), il est chargé de réunir et d'assortir harmonieusement le texte et la (ou les) image(s). Il travaille évidemment sur ordinateur, ce qui implique une parfaite maîtrise des différents logiciels de PAO (publication assistée par ordinateur).

Formation : BTS industrie graphique, BTS communication visuelle, BTS arts appliqués, école de graphisme, école d'art.

Salaire : à partir de 18 300 euros bruts annuels.

TOUTE UNE PALETTE

Delphine Chaperon, 29 ans, est maquettiste dans une agence de communication visuelle. « *J'ai toujours dessiné et c'est en dessin que j'obtenais mes meilleurs résultats dans le secondaire. Je désirais étudier dans une école de dessin sans idée précise. Mais j'ai tout de même pensé à mon avenir et les Beaux-Arts étant trop conceptuels, je souhaitais quelque chose de plus concret qui me permettrait de vivre de mon futur métier ; c'est la raison pour laquelle j'ai opté pour le graphisme. Du point de vue financier et n'ayant pas le bac, une école municipale était pour moi l'idéal ; c'est pourquoi j'ai choisi l'EMSAT (Ecole municipale des arts et techniques), devenue l'EPSAAVP (Ecole professionnelle supérieure des arts et d'architecture de la Ville de Paris), mais j'avais payé une inscription aux ateliers Penninghen (ou ESAG, Ecole supérieure d'arts graphiques), au cas où je n'aurais pas réussi le concours. Le concours d'entrée comportait un écrit où l'on devait faire le dessin analytique d'un objet, le mettre en situation ; il fallait également présenter à l'oral un dossier personnel comportant ses travaux. J'ai aussi choisi l'EMSAT parce que le contenu des cours me plaisait : en première année, on aborde toutes les techniques et on apprend vraiment à dessiner, la deuxième année est davantage basée sur des concepts, la troisième, on apprend des techniques supplémentaires et enfin, en dernière année, on choisit entre la communication visuelle (packaging), le graphisme (infographie) et l'illustration. A la fin des quatre ans, on doit soutenir un mémoire. J'ai créé un conte pour enfants, mon maître de mémoire était le directeur artistique de Gallimard Jeunesse. Puis j'ai effectué un stage de deux mois pendant lesquels je suis allée travailler à Nantes dans le packaging. Les études sont sanctionnées par une présentation de travaux et la soutenance du mémoire.* »

Diplômée en 1996, Delphine commence par un travail d'illustrateur en démonstration de jouets, puis comme calligraphe pour des affiches de supermarché. Le travail de calligraphie s'avérant productif, Delphine crée son entreprise et devient indépendante. Le matin elle travaille pour le supermarché, l'après-midi à son compte. Elle dessine des vitrines, mais cela ne dure qu'un temps, en hiver, pour la période des fêtes. Elle obtient des commandes de clients pour des travaux d'illustration mais seulement très épisodiquement. Par connaissance, elle est enfin engagée dans une agence où elle exerce toujours : « *J'ai eu de la chance de connaître quelqu'un,* confie Delphine. *Ici je fais de tout : de l'infographie, de l'illustration, de la photogravure (document à préparer pour l'imprimeur). C'est très diversifié : je réalise des affiches, des pochettes CD, de l'événementiel, de la mise en page. Je connais la chaîne graphique de A à Z et j'apprends tous les jours.* »

Delphine regrette que l'enseignement soit assez éloigné de la vie active : « *Il faut faire le maximum de stages chez l'imprimeur, le photograveur, pour apprendre la chaîne graphique, voir ce que font les autres. L'école n'est qu'une question de goût ; tout dépend de ce que l'on recherche.* »

Autres fonctions

Acheteur d'art

Il, ou plutôt elle (la profession est majoritairement féminine), est chargée de recruter le photographe, l'illustrateur, les coiffeurs, les maquilleurs, les comédiens, etc. nécessaires à la confection d'une image, d'une photo ou d'un film. Officiant pour le compte d'une agence, c'est elle qui doit trouver, le plus souvent en un temps record, tous les acteurs (au sens large du terme : des mannequins aux objets les plus variés) qui interviendront aux différents stades de la réalisation de la publicité.

Le service dans lequel elle travaille a pour objectif de couvrir l'ensemble des aspects techniques et visuels d'une campagne, que celle-ci fasse appel à une illustration ou à une photographie.

Elle exerce donc beaucoup de fonctions différentes : conseil artistique (rencontrer des agents, partir à la recherche de photographes ou d'illustrateurs, se tenir informé des courants artistiques en vogue), casting, découverte de nouveaux talents afin de les « vendre » aux créatifs, production (faire coïncider les différents emplois du temps, établir et faire passer des devis, négocier les coûts et les cachets, retenir un studio ou un lieu de tournage, dénicher tout ce qui est nécessaire à la prise de vue, bloquer les coiffeurs, les maquilleurs), etc.

Les principales qualités requises sont à l'image de cette profession, c'est-à-dire multiples et variées : sens de l'image, fibre artistique, goût du contact, grandes aptitudes relationnelles, rigueur, organisation et self-control semblent être le minimum requis !

Formation : école d'art, communication.

Salaire : environ 42 300 euros bruts annuels.

UN CATALOGUE DANS LA TÊTE

Valérie est acheteuse d'art : « *Photographes, illustrateurs, stylistes, mais aussi mannequins, maquilleurs, décorateurs, etc. : pour l'agence, nous devons être en quelque sorte de véritables "encyclopédies" des talents existant sur le marché. Certains photographes sont, par exemple, plus à l'aise en studio, d'autres ont une façon bien à eux de saisir le mouvement : on ne photographie pas un chien de la même façon que l'on "shoote" un plat de pâtes. Pour faire le bon choix, et le faire rapi-*

dement, nous devons avoir toutes ces informations en permanence dans la tête. Mais posséder et cultiver une excellente mémoire ne suffit pas. Pour être efficace, une acheteuse d'art se doit de suivre l'actualité et d'apprendre à négocier aux meilleurs coûts pour "faire le plus beau possible et le moins cher possible". Notre travail ressemble à un puzzle où il faut réunir et assembler les différents talents et corps de métiers. »

TV producer

Ce métier est comparable à celui d'acheteur d'art, à cette différence près que si l'acheteuse d'art s'occupe de l'exécution d'une campagne papier (presse ou affiches), le TV producer se charge, lui, de la réalisation de spots destinés à la télévision ou au cinéma.

Formation : bac + 4 en communication, école d'art, de pub...

Salaire : environ 40 500 euros bruts annuels.

UN DÉFI PERPÉTUEL

Elizabeth Gravier, 29 ans, est assistante de production audiovisuelle chez Sternag, une société spécialisée dans la publicité télévisuelle et cinématographique, à Hambourg. Après une éducation « internationale », due à la profession de ses parents, Elizabeth obtient un BTS de communication et publicité à Paris. Très dynamique, la jeune femme se décide à essayer tous les secteurs de la publicité en cumulant les stages pendant un an : agence de publicité à Delhi en Inde, à Düsseldorf, et un stage de relations publiques à la Maison des cultures du monde à Paris. Elle se réinscrit à la fac où elle obtient une maîtrise d'information et de communication à l'Institut français de presse. Après ses études, elle part en Allemagne où elle entre par hasard dans une société de production audiovisuelle à Francfort, secteur qui l'intéresse davantage que le travail en agence et elle y restera. *« J'ai développé un intérêt pour le marketing et le côté créatif de la publicité lors de mes études en BTS. Mes stages m'ont permis de découvrir les différents métiers qui se retrouvent au sein d'une agence de publicité. J'ai trouvé cela fascinant de voir comment tous, que ce soit dans le domaine marketing, stratégique ou créatif, sont obligés de travailler ensemble malgré de nombreuses contraintes. Le rythme, bien que très prenant, m'a bien plu ainsi que la diversité permanente du travail. On est constamment en train de résoudre de nouveaux problèmes ce qui constitue à mon avis un challenge passionnant. »*
Le travail d'Elizabeth consiste à coordonner, superviser et organiser toutes les étapes nécessaires à la réalisation d'un spot publicitaire.

« *D'après un story-board, nous proposons un réalisateur avec un style particulier. S'il est accepté par l'agence, celle-ci nous demande d'établir un devis pour la réalisation du film. Si le client et l'agence de pub sont favorables au devis nous pouvons ensuite commencer à organiser le tournage. On monte une équipe, on trouve un lieu de tournage, on fait faire un casting d'acteurs ou de mannequins, on loue le matériel nécessaire, on met des options sur les suites de montage et les studios de synchronisation, etc. Chaque tournage est différent et à chaque fois nous sommes confrontés à de nouveaux problèmes. Le plus difficile dans tout cela est de respecter les délais. En général nous travaillons pendant deux mois à plein temps sur un projet à partir du moment où le réalisateur a été choisi et jusqu'à la remise des bandes aux chaînes de télévision ou aux distributeurs de cinéma. C'est très peu de temps pour énormément de travail.* »

Dans son travail, Elizabeth aime la diversité des projets, le fait qu'à chaque tournage elle apprend de nouvelles choses, la satisfaction de résoudre des problèmes et de faire en sorte que toutes les personnes concernées par le projet soient contentes : « *C'est chaque fois un nouveau défi et je dois dire que j'éprouve une certaine fierté lorsque tout s'est bien passé et que je vois les spots que nous avons produits à la télé ou dans les salles.* » Elle recommande d'avoir de bonnes connaissances générales, d'être prêt à travailler dur sans récompense immédiate, de faire un long stage dans une agence : « *On y apprend à comprendre les relations entre les étapes de réalisation d'une campagne publicitaire ainsi que les rapports entre les différentes spécialisations qui se retrouvent pour travailler en commun. A côté de cela, les études dans le domaine de la publicité permettent de mieux comprendre la complexité des opérations publicitaires.* »

Planner stratégique

Ce métier, encore assez peu répandu dans l'Hexagone, et pour l'instant presque exclusivement exercé dans les grandes agences, peut revêtir divers aspects. Le planner stratégique est l'un des premiers (si ce n'est d'ailleurs le premier) à intervenir dans la longue chaîne qui conduira à la fabrication d'une publicité. Sa mission consiste à étudier les différents paramètres qui concourront à l'efficacité de la campagne. Il étudie, décortique, analyse, dissèque la marque (son identité, ses concurrents...) et détermine son positionnement.

Mais que l'on ne se fie pas aux apparences ; cet analyste est également un homme de terrain qui n'hésite pas à « aller au charbon », afin d'étudier le comportement des consommateurs par rapport à la marque qu'il est en train de suivre. Ses outils de travail : les tests et les enquêtes qu'il doit décortiquer et analyser.

Le planner stratégique doit consigner les résultats de ses investigations et de ses réflexions dans un rapport appelé *copy strategy*. Ce compte-rendu obéit à un schéma bien précis et doit comporter divers éléments qui définiront, par exemple, le contexte dans lequel intervient la campagne, le (ou les) problème(s) à résoudre, les objectifs visés, les contraintes imposées, etc. Ce document servira de support au travail des créatifs.

Formation : pas de formation spécifique, école de publicité.

Salaire : environ 44 300 euros bruts annuels.

Média planner

Si les années 80 ont vu la naissance puis l'explosion des radios libres, les années 90 ont, elles, été marquées par une révolution considérable : celle qu'a suscitée l'émergence des chaînes numériques et câblées.
De plus, la presse écrite n'a pas été épargnée par de nombreux changements (notamment la multiplication au cours de ces dernières décennies de journaux gratuits en tout genre). Face à cette profusion de média, il devenait donc indispensable d'affiner et de cibler au plus près les campagnes, en choisissant le bon outil de diffusion... D'où l'utilité de la fonction de média planner.
Comme son nom l'indique, cet éminent stratège est chargé d'utiliser au mieux les médias afin de conseiller son client et de lui faire prendre le minimum de risques en étudiant pour lui le support approprié.
Déterminer précisément les publics des différents supports (dans le domaine de la presse, de la radio et de la télévision), définir l'environnement du produit, étudier minutieusement la manière de procéder des concurrents (afin de faire, évidemment, mieux qu'eux)... telles sont quelques-unes des fonctions du média planner. Il s'agit, en effet, de ne pas se tromper de cible et de ne pas commettre l'erreur qui aboutirait, par exemple, et pour prendre une image grossière, à la diffusion d'une publicité pour une crème anti-rides dans un magazine spécialisé dans les sports mécaniques...
Pour vérifier la façon dont sont diffusées les pubs en fonction des programmes, vous pouvez vous livrer à ce petit jeu : allumez votre poste de télévision à différents moments clés de la journée et concentrez-vous sur les espaces publicitaires. Qu'y verrez-vous ?

Et bien, par exemple, que le tout début de matinée, largement consacré aux émissions pour les enfants, est rempli d'espaces publicitaires dédiés aux jouets, bonbons, gâteaux et autres friandises (il est bien connu que ce sont les enfants qui dictent les achats de leurs parents et que ce sont eux qui « remplissent » les chariots...) ; que le tout début d'après-midi est truffé de « conseils » aux ménagères dont l'âge varie en fonction du programme diffusé (les produits présentés peuvent alors aller de la lessive à l'assurance-vie) ; que la fin d'après-midi, heure à laquelle les adolescents rentrent des cours, est consacrée aux marques de vêtements, d'équipements sportifs, de sodas, etc. ; et que les publicités précédant la sacro-sainte « messe du 20 h » reprennent un ton beaucoup plus général et familial.

Les résultats de l'étude menée par le média planner aboutiront à la distribution harmonieuse (et juste) du budget entre les différents médias (par exemple accorder une plus grosse part au budget radio d'un produit s'adressant aux ados, dont c'est le support préféré).

Formation : BTS communication visuelle, école de commerce, marketing, publicité.

Salaire : entre 23 785 et 36 600 euros bruts annuels.

A noter : lorsque le média planner exerce son métier pour le support internet, on parle de web planner.

« BOOKEZ-VOUS »

Vous l'avez compris, la publicité propose une foule de métiers, et ce à tel point qu'il est parfois difficile de s'y retrouver. Pour vous aider à y voir clair, sachez qu'il existe une sorte de bottin de la profession, baptisé *Le Book*, qui répertorie tous les corps de métiers générés par la publicité. Cependant, inutile de vous précipiter chez votre libraire car cet ouvrage est très onéreux. Le mieux est donc de le consulter dans une grande bibliothèque.

Agent

Cette profession un peu à part n'est évidemment pas propre au domaine de la publicité. Dans ce secteur précis, les agents s'occupent, par exemple, des photographes ou des illustrateurs. Les rapports entre certains créatifs (pour ne pas dire artistes) et les publicitaires nécessitent en effet souvent un intermédiaire, ne serait-ce que pour la négociation des tarifs à pratiquer. Notez cependant que seuls les créatifs confirmés peuvent s'offrir les services d'un agent. Leur commission sur la prestation de leur « poulain » peut grimper jusqu'à 30 %.

2. Les métiers du marketing

En constante mutation, la gamme des métiers proposés par le marketing évolue régulièrement en fonction du marché et des habitudes sans cesse fluctuantes des consommateurs. A mi-chemin entre la publicité et la vente, ces professions s'articulent autour de deux pôles essentiels : la connaissance du produit et sa mise en scène.

L'étude du consommateur

Sujet de toutes les craintes et de tous les espoirs, c'est sur le consommateur que se concentrent toutes les attentions : qui est-il, d'où vient-il, que fait-il, que cherche-t-il, qu'attend-il, que veut-il, à quoi rêve-t-il... ? Autant de questions que suscite ce capricieux personnage. Sans lui, point de vente, donc point de profit. C'est pourquoi il est préférable de disséquer ses habitudes et ses attentes avant de lancer un produit. Car de son attitude dépendra la réussite ou l'échec d'une opération.

Chargé d'études

Studieux et rigoureux, le chargé d'études se transforme aussi parfois en véritable « détective » : une partie de sa tâche consiste en effet à traquer et à collecter un maximum d'informations sur des thèmes très différents (retombées d'une campagne, évolution d'un produit, us et coutumes du consommateur, etc.).
Son travail peut donc comporter de multiples facettes. La rédaction et la mise en place sur le terrain de questionnaires d'enquêtes en sont un des aspects. Tout dépend, en fait, de l'entreprise et du type de société (centrale d'achats, annonceur, etc.) pour laquelle il travaille. Il joue un rôle capital dans la mesure où l'étude qu'il réalise servira de référence et de conseil à tous les stades de la vie d'un produit : de sa conception aux éventuels changements à y apporter lorsqu'il sera lancé et aura « vécu » quelque temps.

Formation : Ecole nationale de la statistique et de l'administration économique (ENSAE, école de l'INSEE), école de commerce, IEP, DESS en sciences humaines.

Salaire : autour de 30 000 euros bruts annuels.

UN TRAVAIL TRÈS DIVERSIFIÉ

Annabela Antunes, 28 ans, est chargée d'études marketing en free-lance. Après des études de langues et de commerce international, Annabela a poursuivi à Paris IV avec un DESS de commerce international option marketing avec une approche des études de marché : « *J'ai tout d'abord eu du mal à trouver du travail avec seulement des connaissances théoriques. J'ai suivi une formation sur les études de marché grâce à l'ANPE qui se terminait par un stage de six semaines. Grâce à ce stage, j'ai tout de suite trouvé du travail dans un institut d'études pendant trois ans. J'ai ensuite travaillé pour un autre institut puis je me suis installée en free-lance.*
Cet aspect du marketing n'est pas du marketing produit et met davantage l'accent sur les motivations et les comportements des consommateurs. Le travail est très diversifié ; on travaille sur différents secteurs comme la grande consommation, le B to B, contrairement au travail chez l'annonceur. Je me situe comme l'interface entre l'institut et l'annonceur. Je préfère les études qualitatives qui ont un aspect plus psychologique aux études quantitatives ; elles reflètent vraiment les motivations des consommateurs. Pour faire ce métier, il n'y pas de profil type, ceux qui travaillent sur les études quantitatives ont davantage un profil commercial, de statisticien, alors qu'en qualitatif, le profil est plutôt psychologique ou sociologique. » Même si le travail est mieux rémunéré chez l'annonceur, suite logique de l'expérience en institut, Anabela estime que son travail est plus varié, donc plus intéressant. Selon elle, l'institut permet d'aborder plusieurs domaines, alors que l'annonceur ne travaille que sur sa marque.

Responsable de bases de données

On le connaît aussi sous le nom d'administrateur. Accro des chiffres et des statistiques, ce métier est fait pour vous. En effet, comme son nom l'indique, le responsable de bases de données est chargé de collecter des informations, de les quantifier et de les chiffrer. Lieu, fréquence, teneur et montant des achats sont quelques-unes des indications qu'il doit obtenir lors de son analyse.

Le tout est évidemment informatisé, mais le marché étant par définition en pleine évolution, le responsable de bases de données doit veiller à ce que les renseignements en sa possession restent toujours en phase avec l'actualité.

Il commence généralement par mettre en place un panel représentatif en déterminant les éléments de la sélection : en effet, à quoi servirait une étude sur les jeux vidéo réalisée auprès de retraités, un sondage sur les mascaras effectué auprès d'hommes de

35 ans ou une étude sur la pollution des grandes villes menée en milieu rural ? Car le consommateur évolue constamment : le chef de famille de 40 ans, père de deux enfants, « s'enrichit » un beau jour d'un enfant supplémentaire, vieillit et se retrouve grand-père, faisant place à une nouvelle génération de consommateurs et devenant lui-même nouveau consommateur d'un autre type de produits.

Une fois les informations collectées, le responsable de bases de données en effectue le tri, puis l'analyse, avant d'établir une sorte de document de référence qui clarifie et résume les indications recueillies et qui servira de base de travail aux autres membres de l'entreprise afin de mettre au point une stratégie adaptée aux besoins du marché.

FICHÉS AVANT LA NAISSANCE

L'un des exemples les plus connus et des plus représentatifs de la constitution de fichier est celui de la jeune maman. Lorsqu'une femme enceinte vient s'inscrire à la maternité, elle reçoit une petite valise contenant, entre autres, des échantillons, des coupons de réduction et des bons cadeaux accompagnés d'un questionnaire à remplir. En retournant ces documents, elle « signe » son inscription dans un fichier. Des colis du même genre lui seront adressés à la naissance et lors de différentes étapes clés du développement de son bébé. Ces envois, en rapport avec l'âge de son enfant, la fidéliseront à une marque, lui permettront de bénéficier d'autres réductions, et de fournir d'autres précieux renseignements quant à ses habitudes et leur évolution.

Formation : marketing et statistiques.

Salaire : autour de 30 000 euros bruts annuels.

LES RELATIONS SONT ESSENTIELLES

Armelle Georges, la quarantaine, a été chef de projet marketing chez Young & Rubicam. Avec une formation en tourisme, rien ne la prédisposait à la publicité, si ce n'est son énergie : « *La publicité est un milieu qui bouge beaucoup et qui se trouve souvent en décalage par rapport à l'industrie française. C'est un secteur innovateur sur les méthodes de travail, sans contraintes d'horaires, parce que l'on raisonne en termes de budget. Je venais d'une SSI informatique et de* l'enseignement assisté par ordinateur. Il a fallu que je m'habitue à ce mode de fonctionnement. Mon ancien patron était entré dans une agence de publicité, c'est comme cela que j'ai obtenu ce travail chez Young & Rubicam. »

Il s'agit d'un secteur qui donne sa chance à celui qui en « veut ». « Aujourd'hui, bien que des écoles se soient créées avec un programme pédagogique adapté au fonctionnement des agences, c'est un secteur qui recrute encore à 80 % par connaissance. Mais cela reste aussi un domaine où l'on te donne ta chance. Il faut oublier les contraintes personnelles car nous sommes des "killers", voilà ce qu'on enseigne dans les écoles de communication. J'ai donc été chef de projet multimédia et marketing sur les bases de données et la télématique. J'ai eu à traiter de gros budgets comme ceux de Ford, British Airways ou Mobil Oil. Avec ce type de budgets, c'était à nous de proposer des stratégies. Je m'occupais à la fois de la base de données, du vidéotext et de la téléaction dont je coordonnais les différentes démarches. J'étais en quelque sorte l'interface entre les clients et la production. Aujourd'hui, ce secteur est rassemblé dans le marketing direct. J'ai donc évolué dans ce sens en devenant chef de projet marketing avec la base de données. Nous avons eu, par exemple, à gérer une base de données européenne de 700 000 clients pour Ford. Il fallait surtout savoir déléguer et récupérer des informations. » Armelle reconnaît qu'elle n'a fait ce métier que le temps de se trouver : « *Je me suis ensuite arrêtée pour me consacrer à ma famille. Je n'étais plus tout à fait un être humain*, plaisante-t-elle. *On gagne beaucoup, mais c'est un système américain dont les règles du jeu sont posées dès le départ : des heures de travail allongées récompensées par un salaire correct, mais où l'on peut aussi ne plus avoir besoin de vous du jour au lendemain.* »

Armelle insiste sur le relationnel qu'il faut entretenir si on veut travailler dans ce secteur : « *Il faut connaître des gens et, dans un premier temps, trouver un stage non rémunéré dans une agence c'est très bien ! Les offres d'emploi exigent d'avoir une expérience en agence et les écoles de communication leurrent les étudiants en leur promettant qu'ils trouveront du travail en agence dès la sortie. Il faut rencontrer les bonnes personnes...* »

La mise en scène du produit

Chef de produit

Historique, évolution, composition, environnement, packaging, fabrication, coût, concurrence, tendances du marché, comportement du consommateur... : le chef de produit doit être incollable sur tout ce qui concerne le produit (ou la gamme de produits) dont il s'occupe. C'est à lui de décider des modifications à apporter pour faire décoller (ou redécoller) les ventes, la publicité représentant l'un des moyens mis à sa disposition.

Souvent consulté à tous les stades de la fabrication et de la mise en place d'une campagne, c'est lui qui possède le pouvoir décisionnaire.

Le chef de produit doit maîtriser parfaitement tous les rouages économiques afin de respecter les objectifs de vente et travaille en collaboration étroite avec le chargé d'études. Celui-ci lui fournit en grande partie les informations qu'il transmet aux autres services (la tendance est, par exemple, aux produits bios et aux matières naturelles, etc.). Pour mener à bien sa mission, il dispose d'un budget qu'il doit gérer au mieux.

Formation : école de commerce, diplôme d'ingénieur, marketing.

Salaire : en fin de carrière, un chef de produit peut gagner 48 000 euros bruts par an.

UN TRAVAIL DE LONGUE HALEINE

Dominique est chef de produit : « *De nous dépend la fiabilité d'un produit. On l'accompagne tout au long de sa vie : de sa gestation à son retrait du marché. Cela constitue d'ailleurs une mission à long terme, puisqu'il faut, par exemple, compter plusieurs années entre le moment où germe l'idée et celui où le produit est mis en place dans les linéaires. C'est à nous de concevoir et d'atteindre les objectifs fixés par les plans marketing, à nous de positionner le produit.*

Mais ce métier, qui implique une perpétuelle remise en question, ne consiste pas simplement à passer des heures le nez dans les chiffres et les sondages pour essayer de décrypter les rêves de la ménagère. A l'affût de tout, tout le temps, nous devons, avant tout, nous imprégner de l'air du temps.

Aujourd'hui, bon nombre de produits se ressemblent. En effet, qu'est-ce qui différencie un gel douche d'un autre gel douche ? La nécessité se fait donc sentir de créer le petit plus qui fera la différence. Par exemple, on a assisté il y a quelques années au lancement de bouteilles d'eau minérale d'un litre ou coiffées d'un bouchon qui permet de boire en courant. Ces innovations n'ont pas tardé à être reprises et déclinées par les autres marques, car l'innovation consiste également à savoir saisir et exploiter au mieux une tendance.

Je suis pour ma part issu d'une école de commerce, mais je pense que les qualités requises pour l'exercice de ce métier sont, avant tout, la patience, la ténacité, la force de persuasion et la diplomatie. »

Chargé de promotion

Aussi appelé chef de projet, il travaille généralement en agence. 30 % de produit gratuit, téléphone offert pour toute souscription d'abonnement, remboursement d'une partie du prix du produit, bon de réduction, vente par lot, cadeau, animation sur le lieu de vente, etc. Les types de promotion sont nombreux.

C'est au chargé de promotion que revient donc la lourde tâche de trouver et de mettre en place la stratégie qui sera la plus efficace pour vendre ou relancer les ventes. Il travaille à partir d'un cahier des charges (renseignements sur un produit entraînant toute une série de contraintes) qu'il lui faut respecter et intervient à tous les stades de la promotion : de la définition de l'idée, à sa mise en place (choix, réalisation et transport des différents supports, briefing des éventuels intervenants, etc.).

Formation : IEP, communication.

Salaire : de 20 400 à 30 000 euros bruts annuels.

ETRE SYNTHÉTIQUE ET ANALYTIQUE

Anne Acloque, 40 ans, est responsable marketing et études au journal *Libération*. Après une maîtrise d'économie et une formation complémentaire à l'Institut français de presse, Anne a tout d'abord travaillé dans une agence de publicité comme stagiaire au service média. Par la suite, elle a intégré l'agence FCA comme chargée d'études puis elle est entrée chez Saatchi et Publicis où elle était en charge du média planning des annonceurs. Elle s'est ensuite rapprochée de son secteur de prédilection, la presse, en intégrant *Modes et Travaux* où elle occupait le poste de responsable du marketing rédactionnel et éditorial. Depuis, Anne a travaillé pour *Le Monde Publicité* où elle était en charge du planning stratégique. Elle montait des produits pour les commerciaux d'après des études d'audience avec les profils des lecteurs et des consommateurs.

Aujourd'hui, elle exerce à *Espace Libération* où elle s'occupe de préparer des outils d'aide à la vente pour les commerciaux et des études *ad hoc*. « *On travaille avec le marketing du journal et on prépare des couplages publicitaires avec d'autres journaux. Je suis la coordinatrice entre les commerciaux des agences de publicité et les commerciaux des petites annonces nationales et du web. Nous travaillons de plus en plus avec des outils marketing pour faire face aux agences de communication. Nous créons également des suppléments thématiques pour des produits dérivés. Nous mettons en avant une image créative avec des opérations spéciales. J'aime écrire, synthétiser les informations et mettre en avant le lectorat et ses qualités. Il faut aimer manipuler les chiffres et avoir un esprit de synthèse, être méticuleux et rigoureux, être curieux de ce que font les autres, aimer le travail d'équipe. »*

Responsable merchandising

Son rôle est de mettre en place les produits et les linéaires de façon à favoriser la consommation. Jouant un peu le rôle de metteur en scène, il est chargé d'organiser l'espace selon la règle des « cinq B » : bon emplacement, bon prix, bonne période, bon produit, bonne quantité.
Il travaille en étroite collaboration avec les chefs de rayon qu'il doit convaincre de ses choix. Il peut officier chez un distributeur ou un producteur chez qui il aura, par exemple, la mission de veiller à la meilleure implantation en rayon des produits de la marque.

Formation : école de commerce.

Salaire : environ 30 000 euros bruts annuels.

« PROVOQUER L'ENVIE D'ACHETER »

Antoine est responsable merchandising, il nous parle de son métier : *« On sait à quel point la façon dont est proposé un produit, ainsi que l'endroit où il se trouve peuvent s'avérer déterminants : les articles placés à hauteur des yeux ont, par exemple, toutes les raisons de se retrouver dans les chariots, à l'inverse des produits "relégués" en bas du rayon. Il existe de nombreuses références pour un même produit : la concurrence est rude et les linéaires ne sont pas extensibles, le positionnement joue donc un rôle essentiel.*
Il faut savoir, en outre, que les consommateurs ne sont pas si fidèles que cela : lorsqu'ils se rendent dans une grande surface, ils veulent faire leurs courses le plus vite possible (certains établissent même leur liste en y positionnant les articles à acheter en fonction des rayons successivement traversés). Faire leurs courses dans la même grande surface leur fait gagner du temps. S'ils ont, par exemple, coutume de trouver leur lessive à tel endroit du magasin, ils n'apprécieront pas que l'on change ce rayon de place car le fait de devoir chercher le nouvel emplacement leur fera perdre du temps.
Des études ont établi le parcours type du client. En prenant en compte des renseignements tels que celui-ci, nous devons provoquer l'envie d'acheter. »

Responsable trade marketing

Il travaille généralement directement chez l'annonceur et en relation directe avec les centrales d'achats. Si l'on se réfère à la traduction littérale, « trade marketing » signifie « marketing d'enseigne ». Toutes les enseignes n'ont pas la même image. Au responsable trade marketing, donc, d'adapter en collaboration avec le responsable d'enseigne une stratégie qui soit à la fois adaptée à l'un et à l'autre. A l'instar du chef de promotion, c'est à lui de gérer toute la partie logistique de l'opération, en collaboration plus ou moins étroite avec le responsable d'enseigne.

Formation : école de commerce.

Salaire : entre 25 000 euros bruts annuels en début de carrière à 50 000 euros en fin de carrière.

WEBMASTER

Nouveau métier par excellence, la profession de webmaster a été créée de toutes pièces par internet. Il consiste à concevoir, entretenir et développer des sites, des outils marketing devenus indispensables à une entreprise. Le profil d'un webmaster requiert des compétences en infographie, la connaissance d'outils informatiques, la maîtrise du middleware (couplage téléphonie/informatique), le marketing et les relations publiques.
D'autres métiers parallèles au webmaster tels que graphiste (conception graphique du site) ou rédacteur (rédaction des sites) sont tout aussi recherchés.

PARTIE III

SE FORMER

L'enseignement du marketing remonte à une quarantaine d'années et a aujourd'hui pénétré bon nombre de filières.
En ce qui concerne la publicité, le secteur de la formation n'a pas, lui non plus, résisté à l'euphorie publicitaire et communicative des années 80. Résultat : une foule d'écoles et de filières ont fleuri sur le terrain étudiant, certaines proposant des programmes plus ou moins fantaisistes.
Comme la profession, le domaine de la formation a, fort heureusement, lui aussi mûri et évolué. Si l'on connaît désormais mieux la publicité et son utilité, on sait également mieux ce qu'il faut en apprendre pour devenir un professionnel efficace.
Tout dépend évidemment du métier auquel vous souhaitez accéder. Une constante, cependant, et qui vaut aussi bien pour la pub que pour le marketing : le niveau minimum requis se situe à bac + 2, les diplômés des grandes écoles recueillant, bien entendu, tous les suffrages et bénéficiant de toutes les préférences.
Voici un rapide condensé des formations les plus appréciées suivant la profession et le type d'activités auxquels vous vous destinez.

Les postes commerciaux
Une formation supérieure du type école de commerce, Sciences Po ou HEC, une formation universitaire (IAE, Dauphine, CELSA) ou une formation technico-commerciale (BTS ou DUT) en institut universitaire de technologie.

Les créatifs
Une formation de type arts déco ou Beaux-Arts ou, en tout cas, une école d'art et de dessin (pour les directeurs artistiques).

Médias et plannings stratégiques
HEC, maîtrise d'économie ou de gestion, écoles de commerce, ENSAE (Ecole nationale de la statistique et de l'administration économique), diplôme en sociologie.

Marketing
HEC, ESSEC (Ecole supérieure des sciences économiques et sociales), ESCP (Ecole supérieure de commerce de Paris) ou Ecole supérieure de commerce de Lyon : leurs diplômes sont nécessaires pour accéder aux grands groupes internationaux.

PETIT GLOSSAIRE DES DIPLÔMES

BTS : brevet de technicien supérieur (se prépare en lycée) ;
DESS : diplôme d'études supérieures spécialisées (se prépare à l'Université) ;
Deug : diplôme d'études universitaires générales (se prépare à l'Université) ;
Deust : diplôme d'études universitaires scientifiques et techniques (se prépare à l'Université) ;
DEA : diplôme d'études approfondies (se prépare à l'Université) ;
DUT : diplôme universitaire de technologie (se prépare en institut universitaire technologique) ;
DSAA : diplôme supérieur en arts appliqués (se prépare en école d'art) ;
MSG : maîtrise de sciences de gestion (se prépare à l'Université) ;
MST : maîtrise de sciences et techniques (se prépare à l'Université).

---

1. Les formations universitaires

Il faut différencier les cycles longs (maîtrise MST, DESS, et tout autre diplôme servant d'accès au concours des grandes écoles) des formations courtes : généralement dispensées en deux ans, ces dernières débouchent sur l'obtention d'un Deug ou d'un DUT (en institut universitaire de technologie en deux ans avec une formation théorique suivie d'un stage) et prévoient un minimum de dix semaines de stage en entreprise.

Les Deug

Première étape du cursus universitaire en deux ans, le Deug n'a pas de finalité professionnelle, mais permet une poursuite d'études universitaires. Plusieurs Deug sont susceptibles de vous intéresser.

Le **Deug lettres et langues, mention médiation culturelle et communication** à Avignon, Lille III, Littoral, Lyon II, Metz, Montpellier III, Nancy II, Nice, Paris VIII, Paris XIII, catho de Lille, catho de l'Ouest.

Le **Deug arts et culture, mention médiation culturelle et communication** à Lille III, Nîmes, Montpellier III, Nice, Paris III et à l'université de Savoie.

LE PROGRAMME DU DEUG LETTRES ET LANGUES, MENTION MCC À L'UNIVERSITÉ DE METZ

La première année comprend sept unités d'enseignement :
• UE 1 : introduction à la communication (histoire de la communication, approches théoriques de la communication) ;
• UE 2 : à choisir parmi une UE de sciences humaines et sociales, arts, théologie ou une autre mention de lettres et langues ;
• UE 3 : méthodologie du travail universitaire
• UE 4 : introduction à la culture et aux arts (approches théoriques et historiques de la culture et des arts) ;
• UE 5 : discipline pour la communication (approches linguistiques et sociologiques de la communication) ;
• UE 6 : méthodes de la communication (bibliographie et méthode en médiation culturelle et communication, méthodologie de l'analyse des images fixes) ;

- UE 7 : langue et langages (atelier d'écriture pour la communication et la culture, langue vivante).

La deuxième année comprend, quant à elle, huit unités d'enseignement :
- UE 1 : approfondissement en théorie de la communication (analyses théoriques de la communication et de la culture) ;
- UE 2 : médias et histoire (télévision, photoreportage, cinéma et histoire) ;
- UE 3 : méthodologie en communication (méthodologie de l'analyse des images animées, approches linguistiques et sociologiques de la communication) ;
- UE 4 : langue et langages (anglais, allemand, italien ou espagnol) ;
- UE 5 : enjeux de l'information (approches socioéconomiques de l'information, informatique pour la communication) ;
- UE 6 : dispositifs de la communication (introduction à la publicité, genres et dispositifs des médias) ;
- UE 7 : initiation à la production d'images et d'information (techniques de l'information, techniques de l'image) ;
- UE 8 : à choisir parmi une UE de sciences humaines et sociales, arts, théologie ou une autre mention de lettres et langues ;

Le **Deug arts, mention arts plastiques** vous délivrera les bases d'une culture artistique, son obtention constituera, par exemple, un tremplin vers une école spécialisée. Le Deug arts, mention arts plastiques peut se suivre à Aix-Marseille I, Amiens, Bordeaux III, Corte, Lille III, Metz, Montpellier III, Nîmes, Paris I, Paris VIII, Rennes II, Saint-Etienne, Strasbourg II, Toulouse II et Valenciennes.

Le DUT information-communication

Le DUT information et communication attire une majorité de littéraires. Il compte cinq filières : communication d'entreprise, documentation d'entreprise, journalisme, métiers du livre et publicité. On choisit son option dès la première année. La formation s'articule autour d'enseignements généraux (techniques d'expression, langues, informatique...) et professionnels propres à chaque option : budgétisation de campagne, catalogage, informatique documentaire, études d'opinion et méthodes d'enquête, audiovisuel, techniques journalistiques, etc. Ce diplôme attire de très nombreux candidats. Les étudiants continuent leurs études principalement en info-com à l'Université, mais aussi dans les nombreuses écoles privées de communication ou de publicité. Les plus ambitieux peuvent viser le CELSA (Ecole des hautes études en sciences de l'information et de la communication).

Où préparer un DUT information-communication ?

• **Option communication d'entreprise**
Besançon (25), Bordeaux (33), Grenoble (38), Ifs (14), Lannion (22), Lyon 8e (69), Nancy (54), Paris 16e (75), La Roche-sur-Yon (85), Strasbourg-Illkirch-Graffenstaden (67), Toulouse (31) et Tourcoing (59), Valbonne (06).

• **Option publicité**
Besançon (25), Bordeaux (33), Havre (Le) (76) Nancy (54) et Paris 16e (75).

Le DUT techniques de commercialisation

Cette formation accueille à part égale des bacheliers ES et STT, ainsi qu'une poignée de S et L principalement avec la spécialité maths. La sélection est rigoureuse : « *Nous sélectionnons sur les notes de français, de maths et d'anglais* », précise-t-on au service de la scolarité de l'IUT de Paris.

La formation est très polyvalente. Outre un large enseignement général (économie, maths et statistiques appliquées, langues vivantes étrangères, expression et culture) qui mobilise la moitié de l'emploi du temps, l'enseignement commercial, à proprement parler, porte plus particulièrement sur le marketing, les techniques de vente, la négociation, la logistique, la distribution et le commerce international. Grâce au caractère polyvalent de leur formation commerciale, les diplômés du DUT techniques de commercialisation peuvent prétendre à des emplois d'attachés commerciaux dans les secteurs d'activités les plus variés. Environ 40 % des titulaires du DUT « tech de co » poursuivent leurs études. Le plus souvent, ils intègrent une école de commerce en trois ou quatre ans après le bac ou, pour les meilleurs éléments, une ESC de province. Beaucoup optent pour une année de spécialisation en marketing direct, par exemple.

Où préparer un DUT techniques de commercialisation ?
Aix-en-Provence (13), Albi (81), Amiens (80), Angers (49), Angoulême (16), Annecy (74), Annecy-le-Vieux (74), Athis-Mons (91), Avignon (84), Bayonne (64), Beauvais (60), Belfort (90), Béziers (34), Bordeaux-Gradignan (33), Caen (14), Cambrai (59), Cannes (06), Cergy-Pontoise (95), Châlons-en-Champagne (51), Champs-sur-Marne (77), Châtellerault (86), Cherbourg-Octeville (50), Colmar (68), Corte (20), Creil (60), Créteil (94), Le Creusot (71) Dijon (21) Dunkerque (59),Epinal (88), Evreux (27), Evry (91), Figeac (46), Grenoble (38), Havre (Le) (76), Issoudun (36), Laon (02), Laval (53), Lens (62), Lieusaint (77), Limoges (87), Lisieux (14), Lyon-Villeurbanne (69), Mantes-la-Jolie (78), Meaux (77), Metz (57), Montluçon (03), Montpellier (34), Moulins (03), Mulhouse (68), Nancy (54), Nice (06), Paris 16e (75), Paris 8e (75), Périgueux (24), Pointe-à-Pitre (9A), Pont-Sainte-Marie (10), Quimper (29), Rambouillet (78), Reims (51), Roanne (42), Rochelle (La) (17), Roubaix (59), Rouen-Mont-Saint-Aignan (76), Saint-Brieuc (22), Saint-Denis (93), Saint-Etienne (42), Saint-Laurent-du-Var (06), Saint-Maurice (94), Saint-Nazaire (44), Sarcelles (95), Sceaux (92), Strasbourg-Illkirch-Graffenstaden (67), Tarbes (65), Toulon - La Garde (83), Toulouse (31), Tours (37), Troyes (10), Ustaritz (64), Valence (26), Valenciennes (59) et Vannes (56), Yutz (57).

Les IUP

Les instituts universitaires professionnalisés recrutant à partir de bac + 1 validé, nous avons choisi de vous détailler cette filière.

L'IUP représente une passerelle et une poursuite d'études très intéressante pour un bachelier ayant validé une première année de Deug sans trop de difficultés et désireux de renouer avec un enseignement moins abstrait et préparant à un métier. En effet, il faut savoir que l'IUP est une filière très sélective qui intègre environ un étudiant sur quatre. A l'Université, ces formations offrent donc la seule véritable passerelle à la professionnalisation à des titulaires d'un bac + 1 validé, à condition qu'ils aient un bon niveau.
Depuis septembre 1991, les instituts universitaires professionnalisés, créés par Claude Allègre, proposent des formations technolo-

giques longues (trois ans) à partir d'un bac + 1 validé, incluant 19 semaines de stage au minimum, la moitié des cours est assurée par des professionnels.

Ces voies de formation, rattachées aux universités, sont le plus souvent des composantes d'UFR (unité de formation et de recherche), mais avec des effectifs beaucoup plus réduits : au total de 100 à 400 étudiants par IUP (avec une moyenne de 140 étudiants en première année). Les IUP constituent, dans les universités, un dispositif essentiel pour le renforcement des missions de formation à finalité professionnelle et de recherche technologique. Leur objectif principal est de professionnaliser certaines filières universitaires tout en privilégiant l'accès direct à la vie active.

En résumé, ils ont les ambitions d'une école avec les moyens de l'Université...

Quelques options proposées par l'IUP métiers de l'information et de la communication
• audiovisuel et multimédia à Lille III ;
• communication d'entreprise à Grenoble III, Nancy II et Paris XIII ;
• communication organisationnelle à Paris XIII et Rennes II ;
• études audiovisuelles à Toulouse II ;
• ingénierie de l'information et de la communication à Clermont-Ferrand II ;
• multimédia à Bordeaux III et Metz ;
• multimédia et technologies de l'information à l'université de Franche-Comté.

A noter : la possibilité de suivre un IUP arts et technologies de l'image à Paris VIII qui vous sera fort utile si vous vous destinez au métier d'infographiste, par exemple ; et un IUP nouvelles technologies de l'information et de la communication à Corte.

Quelques IUP tournés vers le marketing
• commerce et vente à Paris XII et au Havre ;
• commerce et vente, option e-marketing à Toulouse I ;
• commerce et vente, option marchandisage à Artois ;
• commerce et vente, option marketing et vente à Artois ;
• sciences de gestion, option marketing à Lyon III.

La licence information et communication

La plupart des universités françaises proposent un grand choix de formations en rapport avec la communication, au sens large du terme. Parmi elles, la licence information et communication à laquelle on accède généralement après avoir décroché un Deug arts mention médiation culturelle et communication, ou un Deug lettres et langues, lui aussi pourvu de la mention médiation culturelle et communication.
L'obtention de cette licence permet d'accéder à la préparation d'une maîtrise information et communication.

Il est possible de suivre une licence info-com au sein des universités d'Aix-Marseille I, Bordeaux III, Grenoble III, La Réunion, Lyon II et III, Metz, Montpellier III, Nantes, Nice, Paris II, III, IV, VIII, X, XII, XIII, Rennes II, Toulouse I et à la Catho de l'Ouest.

Les licences professionnelles

La licence professionnelle a pour objectif l'insertion sur le marché du travail, pari réussi puisque 70 % des diplômés de la session 2001 ont trouvé un emploi ! Au nombre de 347 en 2001, les licences professionnelles accueillent majoritairement des bacheliers scientifiques, même si leur effectif est en baisse par rapport à 2000. En revanche, les bacheliers technologiques industriels sont de plus en plus nombreux. A noter également, l'origine des étudiants : 73 % d'entre eux possèdent un BTS ou un DUT, formations.
L'originalité de ce diplôme réside dans son mode d'élaboration fondé sur la mise en place des partenariats étroits entre universités, entreprises et branches professionnelles afin de répondre aux besoins des entreprises à la recherche de cadres et de techniciens polyvalents. Les projets sont pluridisciplinaires, multi-institutionnels ou interministériels. Toutes les composantes de l'enseignement supérieur ont participé à cet élan : les universités, les écoles d'ingénieurs, les sections de techniciens supérieurs.
La licence professionnelle comprend des enseignements théoriques et pratiques, stages de 12 à 16 semaines en France ou à l'étranger, projets tutorés (qui initient et familiarisent les

étudiants aux activités, aux réalités et aux contraintes de l'entreprise grâce à une première mise en situation autour des thèmes d'études, d'un projet technologique), formations alternées, appels aux technologies de l'information et de la communication...

Plusieurs licences professionnelles (LP) permettent d'intégrer le monde de la publicité et du marketing :
• LP communication électronique à Lyon II ;
• LP création multimédia à La Rochelle ;
• LP gestion et marketing du secteur vitivinicole à Grenoble II ;
• LP management financier et marketing des services à Grenoble II ;
• LP marketing des services et nouvelles technologies de l'information et de la communication à La Rochelle ;
• LP marketing et commerce sur internet, les métiers du e-business à Evry ;
• LP marketing et nouvelles technologies de l'information et de la communication à Tours ;
• LP multimédia à Corte ;
• LP rédacteur de site internet webmestre à Caen.

LA LP COMMUNICATION ÉLECTRONIQUE À LYON II

Cette licence professionnelle est ouverte aux titulaires d'un Deug sciences humaines et sociales et particulièrement médiation culturelle et communication (voir plus haut pour plus de détails sur ce Deug), ainsi qu'aux titulaires d'un BTS ou DUT orienté vers la communication. La sélection s'effectue sur dossier et ne retient que 24 étudiants.
La licence comprend huit unités d'enseignement :
• UE 1 : connaissance de l'entreprise (communication des entreprises, gestion et comptabilité, anglais appliqué) ;
• UE 2 : environnement multimédia (sémiologie appliquée, réseaux et référencement, écriture multimédia) ;
• UE 3 : management de projet (conduite de projets multimédia, animation d'équipe, travail de groupe) ;
• UE 4 : pratique de logiciels (conception d'un produit multimédia, apprentissage des principaux logiciels, techniques de mise en page, ergonomie) ;
• UE 5 : projet tutoré (encadrement et méthodologie, travail personnel) ;
• UE 6 : pratiques et évolution de l'internet (activités de l'internet, gestion et droit du multimédia, évolutions techniques et langages) ;

- UE 7 : initiation aux métiers (au choix, information et produits multimédia – mutations de l'information en ligne, édition et contenus rédactionnels, mise en page, interfaces graphiques, produits culturels et ludo-éducatifs multimédia – ou communication des organisations – communication interne, systèmes d'information, communication externe et stratégies de visibilité sur le web, e-marketing, gestion des connaissances) ;
- UE 8 : stage, rapport de stage et soutenance.

Les MST

Réservées aux titulaires d'un diplôme de niveau bac + 2, les maîtrises des sciences et techniques se préparent sur une période de deux ans (sous réserve de la réussite de l'examen d'entrée). Parmi les formations proposées, on distingue notamment :
- MST chef de projet spécialiste ensemblier des technologies de l'information et de la communication à Limoges ;
- MST informatique et technologies de l'information et de la communication à Metz ;
- MST marketing produits de l'enfant à Poitiers ;
- MST mercatique et communication à Lille I ;
- MST presse et communication d'entreprise à Saint-Etienne ;

Il existe également des MSG (maîtrises de sciences de gestion) mention marketing quantitatif international à Cergy-Pontoise et mention marketing à Reims, mention management et marketing à Tours.

Les DESS et DEA

Il est possible de suivre une formation professionnelle après quatre années d'études (maîtrise). On a longtemps reproché à l'Université son approche théorique et son manque de proximité avec l'entreprise. C'est terminé ! La fac affiche aujourd'hui une palette de troisièmes cycles reconnus et appréciés des entreprises. Le **DESS** (diplôme d'études supérieures spécialisées) s'obtient après une année de travail particulièrement chargée. Il propose des cours théoriques et pratiques, auxquels s'ajoute un stage de trois à six mois. Misant sur un enseignement professionnalisant, il permet de compléter une formation universitaire plus généraliste.

Les DESS bénéficient d'une cote de popularité importante auprès des recruteurs et attirent de plus en plus de candidats : étudiants de maîtrise, mais aussi d'écoles de commerce et d'ingénieurs. Conséquence : un « écrémage » sans concession laisse plus d'un prétendant sur le carreau.

Ceux qui continuent le cursus universitaire au-delà de la maîtrise peuvent également s'inscrire en **DEA** (diplôme d'études approfondies) afin de poursuivre vers une thèse de doctorat. Le DEA sanctionne une année d'initiation à la recherche. Il est le passage obligé pour s'inscrire en thèse et obtenir, après trois ou cinq années, un doctorat.

Les DEA et DESS en communication et marketing

Les DEA
- innovation et marché : aspects financiers et marketing (Clermont-Ferrand I) ;
- marketing (Lille I) ;
- marketing et stratégie (Paris IX) ;
- médias et multimédia (Paris II) ;
- sciences de l'information et de la communication (Bordeaux III, Grenoble III, Lille III, Lyon II et III, Metz, Nancy II, Paris III, X, XIII, Valenciennes) ;
- sciences et technologies de l'information et de la communication et médiation des connaissances (Aix-Marseille I, II et III, Montpellier I) ;
- technologie de communication et cultures : communication visuelle, réseaux et forme de sociabilité (Nice).

Les DESS
- communication audiovisuelle (Paris I) ;
- communication et multimédia (Paris II) ;
- communication stratégique et relations publiques en Europe (Nancy II) ;
- développement commercial, carrières des nouvelles technologies de l'information et de la communication (Clermont-Ferrand I) ;
- études et stratégie marketing (Sciences Po Paris) ;
- information communication (Lyon III) ;
- information et communication spécialisées (Bordeaux III) ;
- information-communication option édition multimédia de l'information (EMI) à Strasbourg III ;
- ingénierie marketing (Grenoble II) ;

- marketing (Clermont-Ferrand I, Dijon, Montpellier I, Nice, Paris I, IX, XII, Rennes I, Toulouse I) ;
- marketing appliqué (Aix-Marseille III) ;
- marketing de l'innovation (Metz) ;
- marketing des activités tertiaires (Lyon III) ;
- marketing des arômes et ingrédients alimentaires (Versailles) ;
- marketing des services (La Rochelle, Lille II, Tours) ;
- marketing direct (Lille I) ;
- marketing et communication des entreprises : marketing global et interactif (Paris II) ;
- marketing et gestion commerciale des produits (Nancy II) ;
- marketing et management du sport professionnel (Rouen) ;
- marketing et nouvelles technologies de l'information et de la communication (Angers) ;
- marketing et production (Orléans) ;
- marketing et stratégie (Poitiers) ;
- marketing industriel international et innovation (Lille I) ;
- marketing international et négociation (catho de Lille) ;
- marketing management (Strasbourg III) ;
- marketing pharmaceutique (Paris XI) ;
- marketing quantitatif (Grenoble II) ;
- marketing, santé et société (Paris VI) ;
- médias électroniques interactifs (Paris VIII) ;
- mercatique opérationnelle (Caen) ;
- métiers de la communication (Lille III) ;
- nouveaux médias de communication à distance et management de projets (Nantes) ;
- nouveaux médias de l'information et de la documentation (Aix-Marseille II) ;
- stratégies de communication internationale (Dijon) ;
- webmestre éditorial (Poitiers).

A noter : cette liste n'est pas exhaustive, renseignez-vous auprès de votre université pour connaître d'éventuels autres DEA et DESS.

Le CELSA

Vous souhaitez travailler dans la communication ? Le CELSA, rattaché à l'université Paris IV-Sorbonne, demeure la référence universitaire incontestée. L'Ecole des hautes études en sciences de l'information et de la communication forme aux métiers de la

communication institutionnelle, du marketing, de la publicité, de la gestion des ressources humaines et du journalisme. Le CELSA propose un large éventail de formations : licence de journalisme ; marketing, publicité et communication ; ressources humaines et communication ; maîtrise communication des entreprises et des institutions ; magistère de communication ; DEA marketing et stratégies de communication ; DESS communication et politiques de développement territorial... La formation se caractérise par un enseignement dispensé essentiellement par des professionnels et fait alterner cours théoriques, enseignements professionnels et stages. Mais attention, la sélection est sévère !
On peut entrer à différents niveaux : après deux années d'études supérieures pour l'accès en licence ou directement en DESS ou DEA pour l'accès en troisième année.

L'accès en première année se fait sur concours après deux années d'études supérieures. La formation se déroule sur trois ans : licence, master première année (maîtrise), master deuxième année (DESS/DEA).

Le département marketing, communication et publicité

Première année : licence
L'objectif de cette année est d'approfondir une formation générale et d'initier aux métiers du marketing, de la publicité et de la communication.
Le diplôme de licence de l'information et de la communication est délivré aux étudiants ayant obtenu une moyenne générale au moins égale à 10 sur 20.
Le programme comprend les enseignements suivants : théories de l'information et de la communication ; sciences humaines, économiques et sociales et communication ; dimension politique et stratégique de la communication ; information, communication et langages ; stage de trois mois minimum permettant de s'initier à l'un des métiers du marketing ou de la publicité et rapport de stage.

Deuxième année : maîtrise
Cette année d'approfondissement est destinée à acquérir une solide formation marketing nécessaire à la compréhension et à la mise en œuvre de toute communication publicitaire et/ou opérationnelle. Elle doit, parallèlement, permettre à l'étudiant de comprendre le contexte économique et financier et de parvenir à

la maîtrise des principaux outils d'analyse quantitative et qualitative du marché et des communications. L'apport des sciences humaines et sociales est particulièrement privilégié.

A l'issu de la deuxième année (première étape du master), le diplôme de maîtrise de l'information et de la communication est délivré aux étudiants ayant obtenu une moyenne générale au moins égale à 10 sur 20.

Les enseignements sont les suivants : outils et méthodes d'analyse de l'information et de la communication ; spécialisation professionnelle : marketing, publicité et communication ; information, communication et langages dans le monde contemporain ; mémoire de recherche appliquée.

Pendant le quatrième semestre, il est possible d'effectuer un stage.

Troisième année : master professionnel (DESS)
L'accès en troisième année est ouvert sur concours aux titulaires d'un bac + 4.

Le master marketing et stratégies de communication répond aux objectifs suivants : permettre aux futurs cadres de publicité des agences conseil en communication, des sociétés d'études et des services communication des entreprises de comprendre toutes les dimensions du marketing et de la communication ; former à la compréhension et à la gestion de toutes les formes de la communication concernant le produit, l'entreprise, la marque, à la fois au niveau national et international ; transmettre les connaissances théoriques, méthodologiques et techniques qui permettent de comprendre le contexte économique et social, d'anticiper ses évolutions et de concevoir des stratégies de communication globale pertinentes.

Le master marketing et stratégies de marque, quant à lui, s'est fixé les objectifs suivants : permettre aux futurs cadres marketing de comprendre l'évolution de la consommation afin d'anticiper le changement par une réflexion créative et innovante ; former à la gestion des marques dans une perspective résolument qualitative et communicationnelle, tant au niveau national qu'international ; transmettre les connaissances théoriques, méthodologiques, et techniques qui permettent de comprendre la nature tant économique que symbolique de la marque et d'élaborer des stratégies pertinentes et/ou innovantes.

Le diplôme terminal est le master professionnel (DESS en techniques de l'information et de la communication), option marketing et stratégies de communication ou option marketing et stratégies de marque. Il est délivré aux étudiants ayant obtenu la moyenne à l'ensemble des épreuves théoriques et à la soutenance du mémoire.

Le diplôme du CELSA (diplôme d'Université) est délivré aux étudiants qui, durant trois ans, ont obtenu une moyenne au moins égale à 10 sur 20.

A noter : le CELSA propose des formations dans trois autres départements, à savoir journalisme ; ressources humaines et communication ; communication des entreprises et des institutions ainsi qu'un magistère de communication.

▶ **Contact** : CELSA. 77, rue de Villiers, 92200 Neuilly-sur-Seine. Tél. : 01 46 43 76 76. Internet : www.celsa.fr

2. Les BTS

Le BTS communication des entreprises

Sachez que ce BTS est difficile et l'enseignement général y occupe une place importante. La durée des stages y est majorée : de 12 à 16 semaines.

Le titulaire de ce diplôme participe à la conception, à la mise en œuvre et au suivi d'actions de communication. Dans les services de communication d'entreprise, il participe à l'élaboration de la stratégie de communication. Il procède aux appels d'offre et négocie avec les fournisseurs. Si l'entreprise fait appel à une agence, il veille au respect des délais et du budget, tandis que dans les entreprises dépourvues de service de communication, il est chargé de communication et propose lui-même des actions. Dans les agences de communication et de publicité, il coordonne les activités des commerciaux, des responsables de fabrication et de création. Il peut prospecter la clientèle et négocier. Au sein des régies publicitaires, ou dans les médias, il occupe des fonctions commerciales.

Outre un sens aigu de la communication et les compétences professionnelles requises, le futur technicien devra posséder un bon niveau de culture générale, une très bonne expression écrite et orale en français et en anglais, ainsi qu'une ouverture d'esprit lui permettant de comprendre ses différents interlocuteurs.

Les enseignements : culture générale et pratique de la communication ; langue vivante ; droit ; économie générale et d'entreprise ; expression visuelle et production ; psychosociologie de la communication ; études et recherches appliquées à la communication ; stratégie de communication des entreprises ; actions appliquées et aide à la vie professionnelle.

Il est possible de suivre un BTS communication des entreprises dans les académies d'Aix-Marseille, Antilles-Guyane, Bordeaux, Caen, Clermont-Ferrand, Créteil, Dijon, Grenoble, La Réunion, Lille, Limoges, Lyon, Montpellier, Nancy-Metz, Nantes, Nice, Orléans-Tours, Paris, Poitiers, Reims, Rennes, Rouen, Strasbourg, Toulouse et Versailles.

Le BTS communication visuelle

Préparé dans 57 établissements, le BTS communication visuelle, qui comprend deux options (graphisme, édition et publicité ; multimédia), conduit au métier de graphiste. Celui-ci traduit en image l'idée dégagée par le directeur artistique pour la réalisation d'un logo, d'une affiche publicitaire, d'un fascicule... Un métier qui exige notamment des qualités de technicien, une bonne maîtrise du dessin rapide ainsi que celle des outils graphiques informatisés. Le titulaire du BTS communication visuelle est un vrai professionnel du message visuel. Une fois dans la vie active, il sera chargé de l'exécution d'un projet dans une agence de publicité ou un studio de création graphique.

La formation
En plus des traditionnels enseignements généraux (français, langue vivante, mathématiques, sciences physiques et économie), la formation accorde une place d'importance au studio de création qui a pour objectif de développer la créativité et la capacité de communication du futur graphiste à travers l'élaboration de projets avec esquisses, mise au point, réalisation du document définitif et de sa reproduction, la technologie de la communication, la technologie de la réalisation, la photographie, les nouvelles technologies. L'expression plastique et les arts visuels constituent le cœur de la formation artistique (dessin et expression plastique : constitution d'un dossier de travaux personnels, arts visuels et appliqués). Une période de stage est également prévue.

44 établissements préparent au BTS communication visuelle option graphisme, édition et publicité réparties dans les académies d'Aix-Marseille, Amiens, Besançon, Bordeaux, Caen, Clermont-Ferrand, Créteil, Dijon, Grenoble, Lille, Limoges, Lyon, Montpellier, Nancy-Metz, Nice, Paris, Poitiers, Reims, Rennes, Rouen, Toulouse et Versailles. Quant à l'option multimédia, 13 établissements la proposent dans les académies de Bordeaux, Clermont-Ferrand, Créteil, Lille, Lyon, Nice, Paris et Rennes.

Le BTS expression visuelle, option espaces de communication

Objectif : concevoir l'organisation d'espaces publics quels qu'ils soient. Les champs d'intervention de ce BTS sont donc particulièrement vastes. Ils impliquent notamment l'architecture et l'environnement commercial et publicitaire. Le technicien en charge de ce métier est un véritable professionnel de la communication. A ce titre, il conçoit le mode de présentation des messages ou des produits à présenter (à ne pas confondre avec leur illustration). Au début de sa carrière, il est en général chargé de l'exécution technique du projet auprès du directeur artistique.

La formation
Deux grand axes la caractérisent : les enseignements artistiques fondés sur le dessin et l'expression artistique ainsi que les arts, les techniques et l'étude des civilisations et, d'autre part, l'enseignement professionnel qui s'articule autour du bureau de création. Celui-ci sert avant tout aux étudiants à acquérir une méthode dans l'approche des problèmes relatifs à un projet. Les enseignements généraux habituels sont également obligatoires (français, mathématiques, physique...).

Le diplôme est préparé dans dix établissements dans les académies d'Aix-Marseille, Lille, Limoges, Lyon, Paris et Toulouse.

Le BTS action commerciale

Destinés à former, entre autres, des assistants marketing, les enseignements du BTS action commerciale mettent bien évidemment l'accent sur le marketing et l'action commerciale proprement dite : prospection, négociation, élaboration d'action promotionnelle... Les bacheliers issus des sections techniques sont majoritaires, mais avec du travail, tous les bacheliers sont susceptibles de réussir ce BTS.

Il est possible de suivre un BTS action commerciale dans les académies d'Aix-Marseille, Antilles-Guyane, Besançon, Bordeaux, Caen, Clermont-Ferrand, Corse, Créteil, Dijon, Grenoble, La Réunion, Lille,

Limoges, Lyon, Montpellier, Nancy-Metz, Nantes, Nice, Orléans-Tours, Paris, Poitiers, Reims, Rennes, Rouen, Strasbourg, Toulouse et Versailles.

3. Les formations dispensées dans les écoles

Les écoles de commerce

Les IEP (instituts d'études politiques)

Plus connus sous le nom de Sciences Po, ces établissements publics continuent à constituer de fabuleux sésames pour ouvrir les portes du monde du travail.

Théoriquement accessibles après le bac (la plupart des candidats préférant se présenter au concours d'entrée après une année de classe préparatoire), ils proposent une formation en trois ans.
Le cursus débute par une première année, appelée AP (année préparatoire). Au programme : de l'histoire, du droit et de l'économie. L'étudiant partage son temps entre les cours magistraux en amphi et les « conf », séances de travail en petits groupes. Ne vous laissez pas abuser par le faible volume horaire des enseignements, une vingtaine d'heures hebdomadaires : l'AP est une année de bachotage. Les révisions, la préparation des devoirs, et les nombreuses lectures nécessitent un travail personnel intense. De plus, vous serez soumis à un contrôle rigoureux des connaissances, qui comprend un contrôle continu (notes de chacune des confs) et les examens qui sanctionnent le passage de la première à la deuxième année. En cas d'échec, vous ne pourrez pas redoubler, sauf à Paris (près de 20 % des élèves redoublent !).

En entrant en deuxième année, vous avez le choix entre quatre sections. La section service public (SP) s'adresse aux étudiants qui visent les concours administratifs, et en particulier l'ENA. La section économie finance (Eco-fi) attire de nombreux étudiants qui souhaitent faire carrière dans la banque, la finance et le marketing. La section communication et ressources humaines (CRH) offre des débouchés variés, tels que l'information et la communication, les ressources humaines, mais aussi la recherche... Et enfin, la section relations internationales (RI) est orientée vers des activités internationales commerciales.

A noter : les neuf IEP ne proposent pas forcément tous ces quatre sections.

En troisième année, les étudiants poursuivent leur spécialisation.

Les coordonnées des neuf IEP se trouvent dans le carnet d'adresses, en fin d'ouvrage.

Pour en savoir plus, consultez : *Bien préparer Sciences Po*, Eric Lescombes et Fabrice Bourasseau, Studyrama, Paris, 2001.

HEC (Hautes études commerciales)

Comme Sciences Po, HEC reste « la » référence et ses diplômés les « chouchous » des recruteurs. La sélection s'opère sur concours, après deux ans de classe préparatoire.
Lors des deux premiers trimestres, qui constituent la « formation fondamentale », vous suivrez des cours de méthodes quantitatives, comptabilité, droit, théorie des organisations, microinformatique, langues vivantes, marketing, finance, économie de l'entreprise, et statistiques.
La formation d'approfondissement, d'une durée de quatre trimestres, permet aux étudiants de compléter leurs connaissances dans les principales disciplines de la gestion et d'enrichir leur culture managériale et générale. Ils apprennent ainsi à résoudre des problématiques de management à caractère opérationnel. La formation d'approfondissement peut être complétée par une alternance en entreprise d'un an, intercalée entre les trimestres ou à l'issue de cette période.
Enfin, la formation de qualification constitue la dernière année à l'Ecole HEC et prépare les étudiants à leur carrière professionnelle. Cette année est marquée par la spécialisation que les étudiants acquièrent au cours de la majeure. Ils peuvent également effectuer cette troisième année à l'étranger.

▶ **Contact :** HEC. 1, rue de la Libération, 78351 Jouy-en-Josas cedex. Tél. : 01 39 67 70 00. Internet : www.hec.fr

LES MASTÈRES

Ils sont attribués à des formations post-diplômés des écoles d'ingénieurs ou de gestion. La formation approfondit un sujet déterminé, en douze mois, dont quatre mois en entreprise. Ils s'adressent aux étudiants de troisième cycle. Les différents mastères susceptibles de vous intéresser sont :
- commerce international et marketing des produits alimentaires à l'ESC Brest ;
- communication et marketing interactifs à l'ESC Amiens ;
- études et décision marketing à l'ESC Rouen ;
- marketing direct et e-business à l'ESC Lille ;
- marketing et communication à l'ESCP-EAP (Paris) ;
- marketing et communication commerciale à l'ESC Toulouse ;
- marketing et développement commercial à HEC ;
- marketing, management par la qualité à l'ESC Lille ;
- marketing-management à l'ESSEC ;
- médias à l'ESCP ;
- nouvelles technologies de l'information et de la communication à l'Ecole des mines d'Alès ;
- stratégie et marketing international des entreprises industrielles à l'EM Lyon ;
- webmarketing à l'Ecole de management de Grenoble.

Les ESC (Ecoles supérieures de commerce)

Plusieurs écoles supérieures de commerce proposent des formations axées sur le marketing dont des mastères cotés sur le marché du travail (voir ci-dessus). Le recrutement s'effectue sur dossier et entretien ; il est réservé aux titulaires de DEA, DESS, diplôme d'école de commerce ou d'ingénieurs. Notez que l'école de Lyon est l'une des plus prisées.

Vous trouverez les coordonnées des ESC dans le carnet d'adresses en fin d'ouvrage.

Pour en savoir plus, reportez-vous au guide *Comment choisir son école de commerce*, Stéphanie Salti, Laetitia Person, Studyrama, Paris, 2001.

LES BANQUES D'ÉPREUVES COMMUNES

La banque commune HEC
Première banque d'épreuves par le nombre d'établissements regroupés sous son enseigne, la banque HEC (banque pour le haut enseignement commercial) regroupe une trentaine d'écoles de commerce. Notez qu'on y retrouve toutes les meilleures, à commencer par le peloton de tête des six grandes (HEC, l'ESSEC, l'ESCP-EAP, l'EDHEC, et l'EM Lyon (ESC Lyon).
▶ Contact : banque commune d'épreuves écrites pour le haut enseignement commercial. Direction des admissions et des concours, BP 31, 78354 Jouy-en-Josas cedex. Tél. : 01 39 67 71 55.
La banque ECRICOME
Elle regroupe cinq ESC (Bordeaux, Marseille, Reims, Rouen, Toulouse) et l'ICN de Nancy.
▶ Contact : 3615 ECRICOM. Internet : www.ecricome.org. Téléphone du siège administratif : 01 40 73 83 30.

L'ESCP-EAP (Ecole supérieure de commerce de Paris)

La sélection s'opère sur concours. Les cours s'étalent sur trois ans, la dernière année permettant une spécialisation, entre autres au marketing. Chaque année contient un stage obligatoire (l'un d'entre eux devant s'effectuer à l'étranger).

▶ **Contact :** ESCP-EAP. 79, avenue de la République, 75011 Paris. Tél. : 01 49 23 20 00. Internet : www.escp-eap.net

L'ESSEC (Ecole supérieure des sciences économiques et sociales)

Le recrutement s'effectue sur concours. L'enseignement compte trois années d'études dont deux dites d'approfondissement. L'étudiant choisit, parmi les matières enseignées (dont fait partie le marketing), celles qu'il souhaite voir s'afficher à son programme. Des stages sont prévus dès la première année.
A noter : le mastère spécialisé marketing-management ouvert aux titulaires d'un bac + 4 possédant plusieurs années d'expérience professionnelle ou aux titulaires d'un bac + 5 (DEA, DESS...).

▶ **Contact :** ESSEC. Avenue Bernard Hirsch, BP 105, 95021 Cergy-Pontoise cedex. Tél. : 01 34 43 30 00. Internet : www.essec.fr

Les écoles de communication

L'EFAP (Ecole française des attachés de presse et des professionnels de la communication)

Cette école est implantée à Paris, Lyon, Lille, Bruxelles, Lisbonne, New York et Tokyo et son diplôme est homologué au niveau II.
L'EFAP propose deux concours. Un concours pour un cycle de quatre ans avec une année préparatoire intégrée destiné aux étudiants (déjà titulaires du baccalauréat) en première année d'enseignement supérieur (ou équivalent : première année BTS, DUT, etc.) qui ne souhaitent pas poursuivre leurs études à la faculté et pour les élèves inscrits en terminale. L'EFAP propose également un concours pour un cycle de deux ans aux étudiants déjà titulaires d'un diplôme de premier cycle d'enseignement supérieur ou aux étudiants en possession d'un BTS ou d'un DUT.
La sélection s'opère sur concours au niveau bac. Ce dernier comprend une épreuve rédactionnelle, un questionnaire sur l'actualité de la communication, un test de motivation, une épreuve d'anglais et une épreuve optionnelle de langue vivante. Vous passerez également un entretien.

Plusieurs filières sont possibles (EFAP média entreprises, EFAP management...), dans tous les cas, l'objectif est de former des cadres de la communication, grâce, notamment, à plusieurs semaines de stage.

▶ **Contact :** EFAP. 61, rue Pierre Charron, 75008 Paris.
Tél. : 01 53 76 88 00. Internet : www.efap.com. E-mail : infos@efap.com
Pour les coordonnées de l'EFAP en province, reportez-vous au carnet d'adresses.

L'ISCPA (Institut supérieur de la communication, de la presse et de l'audiovisuel)

Basé à Paris et Lyon, l'ISCPA, l'Institut des médias, propose, entre autres, un programme communication.
Il propose trois niveaux d'admission : l'admission au niveau bac permet d'intégrer l'institut en première année. Vous découvrirez alors l'univers de la communication et de la publicité, vous acquérrez les bases de culture générale nécessaires pour évoluer sur le marché. L'admission en deuxième année se fait au niveau bac + 1.

Plus professionnelle, cette année vous permettra de maîtriser l'ensemble des outils de communication. La PAO et le multimédia complètent cette formation. Enfin, l'admission en troisième année, au niveau bac + 2, permet la consolidation des acquis et l'approfondissement des aspects stratégiques de la communication. Etudes de cas et projets professionnels deviennent aussi importants que la théorie.

Chaque année, des périodes de stage de trois ou quatre mois sont obligatoires.

L'admission passe par un concours composé d'épreuves écrites (expression française, test de culture générale) et d'épreuves orales (entretien en anglais, entretien de motivation).

▶ **Contact :** ISCPA. 12, rue Alexandre Parodi, 75010 Paris.
Tél. : 01 40 03 15 56. Internet : www.iscpa.net.
Pour les coordonnées de l'institut de Lyon, reportez-vous au carnet d'adresses, en fin d'ouvrage.

L'ESTACOM (Ecole supérieure des techniques appliquées de la communication)

Créée par la chambre de commerce et d'industrie du Cher et implantée à Bourges, l'ESTACOM recrute sur dossier, test et entretien des titulaires du baccalauréat.

Les cours préparent au BTS communication des entreprises et il existe une troisième année de spécialisation au marketing direct et relationnel (possibilité d'admission en troisième année pour les titulaires du BTS action commerciale, force de vente, commerce international ou du DUT techniques de commercialisation).

Des stages en entreprise sont obligatoires à tous les degrés de la formation.

▶ **Contact :** ESTACOM. CESAL – Campus de la CCI du Cher, 25, rue Louis Mallet, 18000 Bourges. Tél. : 02 48 67 55 55.

L'ISCOM (Institut supérieur de la communication)

Implanté à Paris, Lille, Lyon, Montpellier et Strasbourg, l'ISCOM propose trois cycles de formation.

Un premier cycle de deux années, accessible à niveau bac, permet aux étudiants de structurer leurs repères professionnels tout en se forgeant des méthodes de travail, une culture générale et de l'aisance relationnelle. Ce premier cycle mène à l'obtention du BTS communication des entreprises.

Le deuxième cycle, accessible au niveau bac + 2, dispense des formations de spécialisation et d'approfondissement, les filières proposées créent les passerelles avec l'entreprise.

Le troisième cycle, accessible au niveau bac + 4, enseigne une double compétence en enrichissant un premier parcours de formation *via* une expertise en marketing et communication.

▶ **Contact :** ISCOM. 4, cité de Londres, 75009 Paris.
Tél. : 01 55 07 07 77. Internet : www.iscom.fr
Pour les adresses en province, reportez-vous au carnet d'adresses, en fin d'ouvrage.

Sciences com'

Basée à Nantes, cette école « recrute » des titulaires d'un bac + 2 (BTS, Deug, DUT) pour son programme bac + 4 et des titulaires d'un diplôme de deuxième cycle ou disposant de cinq ans d'activité professionnelle et du niveau bac pour son programme bac + 5.

Le programme bac + 4 spécialise les étudiants dans les métiers de la communication de l'audiovisuel et du multimédia. La première année a une vocation généraliste (connaissance et analyse de l'environnement socioculturel, connaissance de l'entreprise et de sa gestion, communication) ; la deuxième année est une année de spécialisation.

Les stages occupent une place importante dans la formation. Ils sont au nombre de trois. Un stage d'immersion d'un mois minimum (extensible à trois mois) en première année, en deuxième année une mission en responsabilité de trois mois et un stage d'intégration professionnelle, véritable tremplin pour l'emploi de trois à six mois.

▶ **Contact :** Sciences Com'. 1, rue Marivaux, BP 80803, 44003 Nantes cedex 1. Tél. : 02 40 44 90 00.
Internet : www.sciencescom.asso.org

Sup de pub

Basé à Paris, l'Institut supérieur de communication et de marketing sélectionne les candidats sur concours à bac + 2 et bac + 4. Cette école propose une formation, en deux ans, en publicité et communication d'entreprise et délivre un BTS communication des entreprises, titre homologué au niveau II. En troisième année, Sup de pub propose différents choix de spécialisation : conception-rédaction, stratégie-médias, communication de proximité, marketing direct, communication multimédia... Enfin, un troisième cycle, en collaboration avec le groupe INSEEC, forme des étudiants au marketing et communication. Des périodes de stage en entreprise sont obligatoires aux différents degrés de la formation.

▶ **Contact :** Sup de pub. 31, quai de la Seine, 75019 Paris.
Internet : www.sup-de-pub.com

LES DEESMA ET DEESMI

Respectivement diplôme européen d'études supérieures en marketing et diplôme européen d'études supérieures en marketing international, ces deux certificats d'école se préparent en un an. La sélection s'effectue sur dossier et entretien. Elle est ouverte aux titulaires d'un BTS force de vente, commerce international, action commerciale et communication des entreprises, ou d'un DUT techniques de commercialisation. Ces deux formations comportent un stage en entreprise d'une durée de deux mois minimum.

Les formations artistiques

En ce qui concerne les formations aux métiers de créatifs, et outre le BTS en communication visuelle, sachez qu'il est souvent de bon ton d'avoir fréquenté une école d'art reconnue.

Sup de création

Installée à Roubaix, Sup de création se présente comme l'école des créatifs en communication. Elle recrute sur concours parmi les titulaires d'un bac + 2. L'école propose une formation, en deux ans, aux métiers de concepteur-rédacteur et de directeur artistique et délivre un titre homologué au niveau II. Des périodes de stage en entreprise sont obligatoires aux différents degrés de la formation.

▶ **Contact :** Sup de Création. 68, rue de Lille, 59100 Roubaix.
Tél. : 03 20 73 54 99. Internet : www.supdecreation.org.
E-mail : supdecre@wanadoo.fr

L'ENSAD (Ecole nationale supérieure des arts décoratifs)

Fondée au XVIIIe siècle comme Ecole royale gratuite de dessin, l'ENSAD avait pour objectif original de développer les métiers relatifs aux arts et d'accroître ainsi la qualité des produits de l'industrie. A travers l'apprentissage rigoureux et exigeant du dessin, l'école s'appliquait à associer métier et culture, intelligence et sensibilité, faisant des meilleurs artisans des artistes créateurs. Elle prit son nom actuel d'Ecole nationale supérieure des arts décoratifs en 1927.

L'ENSAD forme des créateurs aptes à concevoir, promouvoir et développer toute réalisation dans le domaine des arts décoratifs. Elle met en œuvre des recherches dans les disciplines des arts décoratifs, valorise les travaux des élèves dans le cadre de leur scolarité et les recherches conduites par l'établissement et développe des professions liées à ses champs de compétence dont la communication visuelle et l'aménagement de l'espace. C'est un établissement public à caractère administratif, placé sous la tutelle du ministère de la Culture et de la Communication.

Les bases de l'enseignement sont le dessin et l'expression plastique pour tous les élèves. Des enseignements communs et des travaux en groupe sont proposés. Les champs de compétence de l'enseignement sont la création, la conception, la réalisation et la direction artistique.

L'ENSAD prépare aux métiers suivants :
• image : animation, communication visuelle, gravure, illustration, photographie ;
• espace : architecture intérieure, design industriel, mobilier, art-espace, scénographie, textile et vêtement.

Le cursus de l'ENSAD comporte quatre années d'études après passage du concours d'entrée (en première année, troisième année et post-diplôme) et devrait, dès la rentrée 2004, en comprendre cinq.
Les acquis sont vérifiés en contrôle continu ; un bilan est effectué par semestre. En fin d'année, l'élève présente ses travaux et la commission de passage décide de son accès en classe supérieure.

La **première année** est pluridisciplinaire. Elle est centrée sur l'approche méthodologique et vise à développer la curiosité, l'imagination, l'esprit critique et l'initiative créatrice personnelle. Elle comprend des enseignements généraux portant sur l'approche de l'espace et de l'image, des enseignements fondamentaux d'histoire de l'art, dessin, peinture, sculpture, perspective, volume, couleur et typographie, ainsi que des ateliers de photo, vidéo, sérigraphie, animation, informatique.

La **deuxième année** assure la transition entre la première année pluridisciplinaire et la troisième année spécialisée. Parallèlement aux enseignements communs de dessin, expression plastique, photographie, vidéo et histoire de l'art, elle comprend des enseignements organisés selon trois ensembles. L'ensemble « image » introduit aux pratiques de conception (qui se déclinent en troisième année) à travers une pédagogie de projet s'appuyant sur le graphisme et le multimédia. Il comprend des enseignements de typographie, infographie, illustration, animation, calligraphie, techniques d'impression et d'édition, sciences humaines.

La **troisième année** marque la spécialisation. Elle se répartit entre deux grands ensembles. L'ensemble « image » développe des enseignements de graphisme, multimédia, illustration, animation, photo, vidéo, gravure. Des enseignements communs sont dispensés en sciences humaines, typographie, infographie. Des enseignements complémentaires issus des différentes dominantes sont proposés au choix.

La **quatrième année** est une année de synthèse consacrée à la préparation du projet de fin d'étude et du mémoire. Des enseignements, des séminaires et des conférences accompagnent ce travail de synthèse sanctionné par le diplôme.

Le **troisième degré ou post-diplôme**. L'année du post-diplôme a pour objectif de promouvoir et de développer la création à des fins de production et de recherche. Elle est sanctionnée par un certificat d'études spécialisées. Sa durée est d'un an. Les post-diplômes proposés sont : image de synthèse et effets spéciaux (ISES), atelier de recherches interactives (ARI), édition-presse, mobilier.

▶ **Contact :** ENSAD. 31, rue d'Ulm, 75005 Paris.
Tél. : 01 42 34 97 00. Internet : www.ensad.fr

L'ENSBA (Ecole nationale supérieure des beaux-arts)

Il existe trois voies d'accès à l'ENSBA : par examen d'entrée, en première année ; sur examen de dossier pour une admission en cours d'études ou pour une entrée en cinquième année pour les titulaires d'un DNSEP (diplôme national supérieur d'expression plastique). Les formalités complètes d'inscription sont disponibles sur le site de l'Ecole.

Les élèves de **première année** suivent un certain nombre de modules communs où toutes les disciplines enseignées à l'Ecole sont abordées. Ces modules ne sont pas toujours sanctionnés par des unités de valeur. Leurs objectifs étant avant tout, selon l'Ecole, de se connaître, savoir qui sont les professeurs et qui sont les étudiants, se voir, s'entendre et travailler ensemble, approfondir les objectifs d'enseignement, s'interroger sur la notion d'acquis fondamentaux, déclencher les envies et les interrogations de chacun, s'ouvrir à une année de contacts. A cette fin, un enseignement de culture générale axé sur l'actualité de l'art est spécifiquement proposé.
A la fin de l'année scolaire, un bilan de fin d'année, en présence de son responsable d'atelier et du collectif pédagogique permet à l'étudiant, si l'avis est favorable, de s'inscrire en deuxième année. Dans le cas contraire, il ne pourra pas se réinscrire à l'Ecole sauf cas exceptionnel.

Deuxième et troisième années. Ce premier « bloc » d'études permet à l'élève de développer une pratique personnelle et d'approfondir ses connaissances sur le plan théorique et technique. L'élève doit se préparer à passer quatre unités de valeur (UV) en deuxième année (une UV théorique, une UV technique, une UV de dessin et une UV au choix) et quatre UV en troisième année (une UV théorique, une UV technique et deux UV au choix).
A la fin de la troisième année, l'étudiant se présente à un certificat spécifique à l'ENSBA validant trois années d'études. Son obtention conditionne la poursuite des études ou, s'il le souhaite, l'élève peut y mettre fin à ce stade.

QUELQUES UV PROPOSÉES À L'ENSBA

Les UV théoriques : anthropologie de l'art et des cultures non occidentales, cinéma, critique d'art, esthétique et théorie de l'art, histoire de l'architecture, histoire de l'art à partir des collections de l'Ecole, histoire de l'art du XXe siècle, histoire de l'art contemporain, histoire générale de l'art, histoire de la photographie, histoire et théorie de l'art moderne et contemporain, pensée hypermédia.

Les UV techniques et pratiques : analyse d'une œuvre, dessin et dessin avancé, dessin à partir des collections de l'ENSBA, enseignements techniques de la peinture, pôle impression-édition, enseignements techniques de la sculpture, pôle nouvelles technologies (dont infographie).

▶ **Contact** : ENSBA. 14, rue Bonaparte, 75006 Paris.
Tél. : 01 55 04 56 50. Internet : www.ensba.fr. E-mail : info@ensba.fr

L'Ecole supérieure Estienne

L'école supérieure Estienne forme des concepteurs-réalisateurs dans le secteur des arts et de la communication graphique. La sélection y est sévère : en 2002, pour 50 places pour l'année de mise à niveau des sections artistiques, 780 étudiants ont postulé. Le BTS expression visuelle, quant à lui, a enregistré 539 postulants pour... 43 places. Les effectifs sont d'environ 320 élèves.

L'école Estienne propose plusieurs formations susceptibles de vous conduire à exercer un des métiers créatifs proposés par la publicité.

Le **DMA arts graphiques** (diplôme des métiers d'art, bac + 2) avec différentes options : gravure, illustration (celui qui nous intéresse), arts du livre, et typographie. L'admission se fait à la suite d'un bac AA (arts appliqués), d'un diplôme de niveau IV du domaine des arts appliqués, d'un bac général suivi d'une mise à niveau en arts appliqués (MANAA) ou d'une mise à niveau en métiers d'arts (MANMA). L'admission se fait sur dossier. Après une admissibilité, les candidats sont convoqués à l'Ecole Estienne afin de présenter un dossier de travaux personnels et de passer un entretien.

Le **BTS communication visuelle**. Ce BTS forme des assistants à la direction artistique travaillant dans des agences de communication (publicité, design global, promotion...) ou des bureaux de création (design graphique, éditorial, design d'environnement...) et des créateurs indépendants (free-lance), roughmen... Pour postuler au BTS communication visuelle, vous devez posséder un diplôme des arts appliqués, un bac arts appliqués, un brevet de technicien maquettiste, un bac professionnel communication graphique ou avoir suivi une formation de mise à niveau des arts appliqués (MANAA ouverte à tous bacheliers). L'admissibilité se fait sur examen du dossier scolaire, entretien et présentation de travaux.

Le **BTS industries graphiques** (communication graphique et productique graphique). Son titulaire pourra être chef d'équipe d'impression, chef d'atelier d'impression ou de finition, responsable de bureau de méthodes (fabricant, chef de fabrication), interlocuteur du client, du commercial et des fournisseurs.
L'admission est ouverte aux élèves issus d'un lycée technique, titulaires d'un bac STI ou S, d'un bac professionnel des industries graphiques, option impression, ou d'un BT des industries graphiques.

Le **DSAA (diplôme supérieur des arts appliqués, bac + 4) : illustration médicale et scientifique**. Pour se présenter, les élèves doivent être bacheliers et avoir suivi deux années d'enseignement artistique basé sur le dessin. Ils doivent, en outre, être titulaires d'un BTS option communication ou d'un DMA. La sélection s'effectue sur dossier suivi d'un entretien et d'une épreuve écrite (compte-rendu d'un texte scientifique), épreuves de dessins à vue (modèle).

Le **DSAA arts et techniques de la communication**. On y accède avec un BTS ou un diplôme bac + 2 dans les industries graphiques ou de la communication.
Le recrutement s'effectue en deux temps : une première sélection sur dossier scolaire accompagné d'une lettre de motivation en mai ; une seconde sélection par entretien pouvant se dérouler selon la nature des modalités de sélection retenues, mi-juin.

L'Ecole Estienne offre également des formations de bac technologique arts appliqués, des classes de mise à niveau en arts appliqués et en arts graphiques, ainsi qu'une formation post BTS en infographie.

▶ **Contact :** ESEAIG. 18, boulevard Auguste Blanqui, 75013 Paris. Tél. : 01 55 43 47 47. Internet : http://lyc-estienne.scola.ac-paris.fr

L'ENSAAMA (Ecole nationale supérieure des arts appliqués et des métiers d'art)

L'Ecole Olivier de Serres ou ENSAAMA (Ecole nationale supérieure d'arts appliqués et des métiers d'art) est née de la fusion des écoles d'arts appliqués et des métiers d'art.

Les études à l'ENSAAMA Olivier de Serres se suivent exclusivement après le baccalauréat. Elles se composent de deux niveaux pour les jeunes titulaires d'un bac STI arts appliqués (BTS ou DMA puis DSAA) et de trois niveaux pour les autres baccalauréats (mise à niveau en arts appliqués, puis BTS ou DMA, puis DSAA).
Les formations touchent à tous les domaines du design (celui du vêtement mis à part).

Les BTS
- art céramique
- art textile et impression
- assistant en création industrielle
- communication visuelle
- design espace
- expression visuelle option espaces de communication

DSA (diplôme supérieur d'arts appliqués)
Le DSA concepteur-créateur, « produit et environnement » dans les trois secteurs d'application suivants : cadre bâti et environnement, communication visuelle et audiovisuelle et produit usuel et industriel se déroule sur deux ans.

▶ **Contact :** ENSAAMA. 65, rue Olivier de Serres, 75015 Paris.
Tél. : 01 53 68 19 99.
Internet : http://lyc-olivier-de-serres.scola.ac-paris.fr

Vous trouverez les coordonnées d'autres écoles d'art dans le carnet d'adresses, en fin d'ouvrage.

A noter : l'importance des diplômes varie selon les professions. On demandera avant tout à un créatif du concret, un book. Pour les commerciaux, les diplômes comptent énormément : les grandes agences recrutent surtout parmi les diplômés des grandes écoles.

4. Comment choisir son école ?

Le choix de l'école s'effectue en fonction du métier souhaité, bien entendu, mais aussi de votre budget (dans certains établissements, le prix d'une année avoisine les 4 575 euros) et du nombre d'années que vous souhaitez consacrer à vos études (formation courte ou longue).

Pour choisir votre école, ayez toujours en tête les critères suivants : l'ancienneté de l'école, le fait qu'elle soit reconnue par la profession, le nom des intervenants (sont-ils des professionnels reconnus ? Attention : « professionnels reconnus » ne signifie pas « stars de la pub »), le fait que des stages soient prévus (ces périodes passées sur le terrain vous permettront d'effectuer vos premiers pas dans le milieu).

Attention aux établissements prétendant dispenser une formation générale en vous préparant, par exemple, à la fois (et au choix) au métier d'attaché de presse et à celui de responsable de création. A trop vouloir se disperser, ces formations qui veulent ratisser large ont de grandes chances de ne rien vous dispenser de pointu.

Avant de vous inscrire, étudiez le contenu de l'enseignement (les matières) et les moyens mis en œuvre pour le dispenser. L'outil informatique est, par exemple, indispensable de nos jours : inutile de préciser qu'une école marque un mauvais point si elle ne dispose que d'un ordinateur pour l'ensemble des élèves.

Essayez de visiter les lieux : une plaquette de présentation reste une publicité qui vous présentera l'école sous son meilleur jour. La réalité peut parfois se révéler tout autre. Enfin, choisissez de préférence une école reconnue par l'Etat (gage de sérieux), dont le titre est homologué et le diplôme visé ; cela ne signifie pas pour autant qu'une école non reconnue est une mauvaise école, et oui, tout est question de subtilité...

LA FACE CACHÉE DES STARS

D'après Daniel, professeur dans une école privée reconnue par l'Etat, mieux vaut se méfier des intervenants trop connus. « *La présence ponctuelle de stars ne constitue pas une garantie de qualité. Certaines écoles jouent sur les mots en placardant, par exemple, le nom de Séguéla sur leur plaquette, alors que celui-ci n'est venu leur rendre visite qu'une seule fois pour une conférence d'une heure.* »

PARTIE IV

L'ENTRÉE DANS LA VIE ACTIVE

Dans ce secteur, comme dans beaucoup d'autres, le nombre d'étudiants formés chaque année, est, hélas, grandement supérieur aux places disponibles sur le marché du travail.
L'assistanat (les postes « junior ») reste donc un passage obligé avant d'accéder à des postes à responsabilités.

1. Pas de salut sans les stages

Pour les agences, les stagiaires constituent encore et toujours le premier mode de recrutement. C'est pourquoi, à l'image du marché de l'emploi, les places sur le marché des stages sont de plus en plus chères. D'abord, parce que le stage de fin d'année constitue souvent une étape indispensable à la poursuite de nombreuses formations. Ensuite, parce que cette première expérience sur le terrain ouvre parfois la porte d'une première embauche. Attention cependant, ce n'est pas parce que le fait de décrocher un stage se rapproche du tour de force, qu'il faut considérer que l'essentiel du travail a été accompli, une fois la formation obtenue. Bien au contraire...

Une fois en place, il serait mal venu de s'endormir sur ses lauriers. D'autant plus que les conditions de l'apprentissage sont souvent loin d'être idylliques. En effet, et même si l'on reste loin du vieux cliché café-photocopies, décrocher un stage ne signifie pas que l'on va venir vous prendre par la main afin de vous apprendre une à une toutes les ficelles du métier.

« *C'est à chacun de faire son trou*, explique Rebecca, aujourd'hui chef de projet junior. *Ce n'est pas parce qu'un stagiaire arrive avec un niveau bac + 5, qu'on l'attend comme le messie. Ce métier demande, avant tout, beaucoup d'humilité* (eh oui !). *Il faut savoir aller chercher le travail et s'imposer en douceur en s'adaptant d'autre part à des horaires pour le moins fantaisistes sans grand rapport avec le rythme bien réglé pratiqué par les écoles...* »

Sachez enfin qu'il ne faut pas compter sur une rémunération lorsque l'on effectue un stage. Le salaire d'un stagiaire dépasse en effet rarement les 260 euros bruts par mois. A ce tarif, autant s'offrir le luxe de poser sa candidature auprès d'une grande agence dont le nom pourra vous servir ensuite de carte de visite.

DES IDÉES NEUVES

Antoine, responsable commercial : « *L'idéal est de cumuler les expériences et donc de multiplier les stages. Une période de trois à six mois semble être le minimum si l'on veut suivre les différentes étapes qui conduisent à l'élaboration d'une campagne. Souvent, les stagiaires assistent aux réunions et font partie intégrante de l'entreprise. Vierges et neufs, on attend d'eux des idées et des conceptions nouvelles car ils ont une certaine fraîcheur par rapport aux "vieux routiers" que nous sommes.* »

Choisir son stage

Le premier choix est souvent décisif. Dirigez-vous de préférence vers les grandes agences, sinon vous aurez du mal à y entrer par la suite.
Les stages s'étalent généralement sur une durée de six mois, ce qui permet de suivre à peu près toutes les étapes d'une campagne. Ce sont souvent de vrais postes, des expériences professionnelles à part entière où l'on n'hésite pas à vous envoyer au charbon en vous faisant travailler en conditions réelles. Sachez enfin que la plupart des sociétés préfèrent choisir la « solution de facilité » qui consiste à recruter parmi les anciens stagiaires : les deux parties se connaissent et ce type de candidat a déjà fait ses preuves.

ANTOINE, RESPONSABLE COMMERCIAL

« Dans la publicité et la communication, comme partout ailleurs, les entreprises se montrent extrêmement prudentes. La voie normale consiste à passer par un stage, puis par un CDD. Nous prenons le moins de risques possible. Cette longue période d'observation que constitue le stage nous permet également de tester la motivation et la détermination du candidat et d'étudier sa personnalité et son tempérament. Ces longs mois passés avec lui nous offrent également la possibilité de le "former", en quelque sorte, au moule maison. En s'investissant et en s'imposant, il doit nous prouver qu'il fait la différence. Attention cependant à ne pas trop en faire. En effet, certains arrivent en terrain conquis, refusant de faire les basses besognes et excluant presque le fait de devoir faire une photocopie, ne serait-ce que pour rendre service (cette tâche ne présente pourtant rien de dégradant : nous en faisons tous !). Ce n'est pas parce qu'un stagiaire arrive bardé de diplômes qu'il en sait plus que les professionnels déjà en place et qu'il doit se sentir supérieur. »

Débuter à l'étranger

Il est aujourd'hui impératif de bien maîtriser l'anglais, car de plus en plus de budgets sont internationaux. Cependant, inutile de rêver : les offres d'emploi à l'étranger, dans le secteur de la communication, restent malgré tout extrêmement rares. Les Français ont, de plus, beaucoup de mal à s'expatrier. Leurs homologues publicitaires américains, japonais ou anglais, sont beaucoup plus mobiles.

Voici quelques adresses qui pourront vous être utiles :
• OMI (Office des migrations internationales). 44, rue Bargue, 75732 Paris cedex 15. Tél. : 01 53 69 53 70.
Internet : www.omi.social.fr
• ANPE international. 69, rue Pigalle, 75009 Paris. Tél. : 01 44 53 16 16.
Internet : www.anpe.fr/emplint/emploi.htm
• IEE (Institut de l'emploi à l'étranger). 14, rue Rémy Dumoncel, 75014 Paris. Tél. : 01 43 20 14 77.
• www.expatries.org, le site de la Maison des Français à l'étranger.

DES STAGES À L'INTERNATIONAL

Elizabeth, 29 ans, est assistante de production audiovisuelle à Hambourg. « *Après mon BTS de communication et publicité à Paris, j'ai effectué trois stages de plusieurs mois chacun afin de mieux comprendre le métier de la publicité et de voir dans quel domaine me spécialiser. Mon premier stage a été dans une agence de publicité à Delhi en Inde, le deuxième dans l'agence Grey à Düsseldorf en Allemagne, le troisième dans le domaine des relations publiques/attachée de presse à Paris à la Maison des cultures du monde/Théâtre du Rond Point. Suite à cette année de stages, je me suis rendue compte que j'avais envie d'approfondir mes connaissances générales avant d'entrer dans le monde du travail. Je me suis donc inscrite à l'université de Paris II à l'Institut français de presse pour y passer une licence puis une maîtrise d'information et de communication. Au cours de ces études, je me suis aussi beaucoup intéressée à la communication pour l'aide au développement, sujet sur lequel j'ai fait mon travail de maîtrise.*
Après ma maîtrise, je suis partie en Allemagne pour des raisons personnelles et j'ai commencé à chercher du travail. Comme je parlais à peine l'Allemand cela n'a pas été très facile. Par un grand hasard, j'ai été embauchée dans une société de production audiovisuelle à Francfort ce qui m'a tout de suite passionnée. J'ai d'ailleurs trouvé cela encore plus intéressant que le travail en agence. J'ai travaillé chez Gehrisch Film pendant presque deux ans, puis je suis allée à Hambourg. Là, j'ai trouvé un poste d'assistante de production chez Final Touch une société très renommée en Allemagne. J'y suis restée un an et demi environ. Puis le directeur de production pour lequel je travaillais chez Final Touch a fondé une nouvelle société, Sterntag, avec d'autres anciens collègues et amis. Ils m'ont demandé de les rejoindre ce que j'ai fait sans hésitation ! »

2. Comment décrocher un stage ?

Tout commence souvent par la lecture de la presse spécialisée : il est en effet indispensable de toujours se tenir informé des mouvements et des possibilités de recrutement.
Deuxième étape : cibler ses envois. Offrez-vous le luxe de commencer par les entreprises qui vous plaisent le plus. Le secteur est tellement bouché que vous ne perdez pas grand-chose à démarrer votre prospection par les sociétés ou les domaines d'activités qui vous motivent le plus. Vous serez, de plus, beaucoup plus convaincant.

La recherche d'un stage utilise les mêmes procédés qu'une recherche d'emploi classique.
Pensez tout d'abord à établir une sorte de bilan qui vous servira à préciser votre projet professionnel. En prenant la décision de choisir un candidat plutôt qu'un autre, le recruteur prend des risques. Vous devez donc le rassurer en lui démontrant (par des références à vos études, à d'autres stages déjà effectués, etc.) que vous êtes la personne qu'il recherche. A vous de lui exposer les avantages que présente pour lui votre candidature. Informez-vous sur l'entreprise que vous contactez : vous prouverez ainsi votre motivation au recruteur en lui apportant la preuve que vous n'avez pas choisi à la légère la société qu'il représente.

Lorsque l'on débute dans la vie active, il arrive souvent que l'on commette deux erreurs. La première est d'être trop sélectif, et donc trop restrictif, en n'élisant que deux ou trois entreprises où envoyer ses candidatures. La deuxième est de taper tous azimuts en inondant le marché de ses CV. Inutile de le dire, ces deux solutions s'avèrent aussi dangereuses l'une que l'autre.
Une fois encore, il vous faut cibler. Plus vous obtiendrez de renseignements, mieux vous adapterez votre discours aux besoins de l'entreprise. Lisez la presse (générale et spécialisée), suivez de près l'actualité et tenez-vous au courant de tout. Connaître le milieu dans lequel on souhaite travailler est la manière la plus sûre de passer pour un professionnel.

Pour nouer des contacts, n'hésitez pas à fréquenter les salons professionnels et à contacter les associations d'anciens élèves. La plupart des grandes écoles éditent un annuaire. N'hésitez pas à le

compulser et ne soyez pas timide : même s'ils ont aujourd'hui réussi, ces ex-étudiants ont eux aussi été débutants. Et pour peu que vous agissiez avec un minimum de diplomatie, rares seront les personnes qui refuseront de vous donner un coup de main et de jouer le rôle de conseil. Là encore, évitez l'erreur fatale qui consiste à arriver en terrain conquis. Le fait que vous ayez suivi les mêmes études ne vous donne pas le droit d'être familier avec votre interlocuteur en lui demandant d'emblée si une place se libère dans les mois qui viennent...
N'oubliez pas que publicité et marketing tendent vers un même objectif : celui de faire vendre. Prouvez donc vos compétences en montrant que vous savez vous vendre vous-même.

LES ASSOCIATIONS D'ANCIENS ÉLÈVES

Anciens étudiants, les anciens élèves sont aujourd'hui devenus de vrais professionnels. Par esprit de caste, pour des raisons personnelles ou de confiance, certains d'entre eux n'hésitent pas à venir piocher dans le vivier que constituent les nouvelles promotions lorsqu'ils ont besoin d'un stagiaire ou d'un assistant. N'hésitez donc jamais à les contacter, ne serait-ce que pour vous informer et profiter de leur expérience.

Le CV

En ce qui concerne l'élaboration de votre CV, et quel que soit le contenu de vos études et de vos stages précédents, débrouillez-vous pour qu'il tienne sur une page.
Apprenez à trier, à hiérarchiser, à mettre en place et à valoriser les informations afin que, visuellement, le résultat ne soit ni trop touffu (car illisible), ni trop aéré (pour ne pas donner au lecteur l'impression d'un parcours vide). Bannissez l'originalité (sauf pour les créatifs, mais de façon mesurée) : même dans les secteurs atypiques comme celui de la publicité, on reste souvent très classique.
Sachez qu'un recruteur ne consacre généralement pas plus de 30 secondes à la première lecture d'un CV. Il vaut donc mieux être clair et précis afin d'accrocher son regard en un minimum de temps...

Veillez à toujours rester compréhensible (un déluge d'abréviations techniques et de sigles ne vous fera pas paraître « pro », si vous êtes le seul à savoir à quoi ils correspondent).

Soignez votre **accroche**, elle permettra au recruteur de se rendre compte en un clin d'œil des « plus » de votre candidature. Ce petit encadré (qu'il vaut mieux centrer dans la page afin de le faire ressortir) ne doit pas excéder deux lignes. Rédigé en style télégraphique, il doit contenir un ou plusieurs éléments qui permettent de distinguer votre candidature.
Pour le construire, posez vous la question suivante : « Pourquoi l'entreprise dans laquelle je postule a-t-elle intérêt à m'embaucher ? »
L'accroche doit résumer soit votre objectif professionnel, soit les points forts de votre candidature (votre profil, votre spécificité ou votre niveau d'études). Dans un cas comme dans l'autre, soyez le plus précis possible.

Pour bâtir votre rubrique **« formation »**, commencez toujours par les diplômes les plus récents. Inutile, par exemple, de vous appesantir sur votre Deug si vous avez, par la suite, décroché une maîtrise.
Inutile également de préciser l'adresse des écoles que vous avez fréquentées ainsi que leur nom si elles ne sont pas renommées, l'intitulé du diplôme suffit amplement.
N'oubliez pas de mettre en relief les éléments qui constituent les « plus » de votre candidature (sujets de mémoire, de thèse, etc.).
Enfin, ne limitez pas cette rubrique à votre cursus estudiantin : les langues étrangères que vous maîtrisez (n'oubliez pas de préciser votre niveau pour chacune d'entre elles), ainsi que les différents outils informatiques que vous connaissez font également partie de votre savoir.

En ce qui concerne la partie réservée à votre **expérience professionnelle** (autrement dit, vos précédents stages), n'oubliez pas de la construire de façon rétrochronologique (de l'expérience la plus récente à la plus ancienne) et d'y faire figurer les éléments suivants :
• le nom des sociétés dans lesquelles vous êtes passé et leur secteur d'activités (cette dernière indication devenant inutile lorsqu'il s'agit d'une grosse entreprise : chacun sait, par exemple, de quoi s'occupe Sony) ;

- les fonctions que vous y avez exercées. Soyez précis, la simple mention « assistant » ne signifiera rien si vous faites l'impasse sur le service dans lequel vous étiez, indiquez les missions effectuées. Là encore, veillez à être le plus précis possible en choisissant les éléments qui valorisent le mieux votre candidature (par exemple, le nombre de personnes placées sous vos ordres ou la description des tâches menées à bien).

Enfin, dans la rubrique « **divers** », apportez certaines précisions telles que la détention du permis de conduire (auto et moto) ou l'exercice d'activités artistiques et sportives (n'oubliez pas d'inscrire vos éventuelles participations à des compétitions).

En ce qui concerne la présentation, restez sobre. Choisissez de préférence du papier blanc, de format 21 x 29,7 (A 4).
N'oubliez pas de prévoir des marges, pensez à l'interlignage (il doit servir à différencier les différentes rubriques, ainsi que les paragraphes inclus dans chacune d'entre elles) et utilisez des puces, des tirets et des caractères gras afin de clarifier les différents éléments de votre parcours et de faciliter la lecture de votre CV.

La lettre de motivation

Une lettre de candidature d'une page suffit amplement. Cette lettre, qui sert de support à votre CV, doit répondre à plusieurs objectifs, démontrer votre motivation à travailler dans l'entreprise pour laquelle vous postulez, décrire vos compétences les plus aptes à l'intéresser et prouver votre professionnalisme.
Ce document doit servir de tremplin pour l'obtention d'un rendez-vous, en suscitant chez le recruteur l'envie de vous connaître et de vous rencontrer. Attention, cependant, à ne pas plagier votre CV et à ne pas confondre lettre de motivation et mailing : envoyer la même lettre de candidature à toutes les entreprises ne servirait à rien. Une fois encore, tout est dans le ciblage.
Pour ce qui est de la présentation, là aussi restez classique, en employant du papier blanc standard (de format 21 x 29,7) et de l'encre noire (préférable à l'encre bleue, trop scolaire).
N'oubliez pas de respecter des marges (en haut, en bas, à droite et à gauche), et d'aérer chacun des paragraphes.

DES GUIDES POUR OPTIMISER SA CANDIDATURE

Pour réussir toutes les étapes du processus de recrutement, nous vous conseillons quelques guides parus chez Studyrama :
• *100 modèles de CV et 100 modèles de lettres de motivation* vous donnent des exemples commentés de CV et lettres de motivation classés par branche d'activités ;
• *Réussir les tests de recrutement et 100 questions posées à l'entretien d'embauche* vous dispensent de nombreux conseils pour franchir avec succès les étapes du recrutement.

Dernière étape : l'entretien

Cette entrevue se prépare. Pour être percutant, il vous faut avoir en tête la liste de vos points forts ainsi que celle des questions que vous désirez poser.

Dans ce milieu, plus que dans tout autre, pensez à soigner votre look. Vous le savez, votre manière de vous habiller reflète votre personnalité. Inutile donc de vous déguiser : l'entreprise ne recherche pas l'originalité, mais préfère de loin les candidats qui la rassurent en acceptant de se fondre dans une normalité vestimentaire de bon aloi. Choisissez des vêtements dans lesquels vous vous sentez à l'aise : vous ne devez pas avoir l'air emprunté.

Restez sobre. Pour les jeunes filles, évitez de donner de vous l'image d'une femme aguicheuse ou provocante. Même si vous possédez un décolleté vertigineux et des jambes interminables, évitez les minijupes et les chemisiers transparents ou trop profondément décolletés. Vous n'êtes pas en train de séduire le « prince charmant » mais de convaincre quelqu'un de vos capacités professionnelles. De même, ayez la main légère sur le maquillage et préférez des bijoux discrets.

Les gestes, comme votre tenue vestimentaire, sont susceptibles de vous trahir beaucoup mieux que n'importe quelle gaffe. Essayez donc de paraître naturel. Soyez sympathique et souriant et ayez l'air le plus assuré possible, pour cela, tenez-vous droit et avancez d'un pas sûr, soignez votre poignée de main (elle doit être ferme et franche), regardez votre interlocuteur dans les yeux, laissez-le parler et écoutez-le attentivement.

LES NOUVELLES SOURCES D'INFORMATIONS

Petit veinard ! Vous possédez un ordinateur et vous êtes relié à internet. Vous allez pouvoir effectuer vos recherches de chez vous et bénéficier d'un outil d'information et de communication extraordinaire. Internet est en effet devenu un pôle fort de recrutement. Ce nouveau support de recrutement présente en effet de nombreux avantages : les annonces sont passées à moindre coût, elles touchent un public beaucoup plus large que dans les modes de recrutement traditionnels et elles permettent un contact immédiat entre l'offre et la demande.

Nous vous conseillons de vous rendre sur ces quelques sites incontournables :

- www.anpe.fr : site de notre malheureusement célèbre Agence nationale pour l'emploi, vous y trouverez des liens avec les ANPE régionales ;
- www.apec.fr : le site de l'Association pour l'emploi des cadres ;
- www.emailjob.com : une recherche par secteur d'activités avec le nombre d'annonces qui s'affiche immédiatement, un site à retenir ;
- www.monster.fr : un des sites les plus consultés pour la recherche d'emploi ;
- www.afij.org : site spécialisé dans le placement des jeunes diplômés ;
- www.keljob.com : un site « annuaire » qui sélectionne des annonces selon votre demande ;
- www.cadresonline.com propose toutes les offres d'emploi de 21 journaux nationaux ;
- www.cadremploi.fr répertorie des offres d'emploi de plus d'une centaine de cabinets de recrutement. Vous pouvez également enregistrer votre CV dans la « candidathèque ».

Enfin, pour ceux qui souhaitent orienter leur carrière vers le multimédia et pour les infographistes, le site de l'Institut national de l'audiovisuel (INA) est une mine d'or pour les annonces sur le multimédia (www.ina.fr).

PARTIE V

CARNET D'ADRESSES

1. Adresses professionnelles

Les associations et instituts

AACC (Association des agences conseils en communication)
40, boulevard Malesherbes
75008 Paris
Tél. : 01 47 42 13 42
Internet : www.aacc.fr

ADETEM (Association nationale du marketing)
Pôle universitaire Léonard de Vinci
92916 Paris La Défense cedex
Tél. : 01 41 16 76 50
Internet : www.adetem.org

APP (Annuaire pratique des professionnels)
81, rue Réaumur
75002 Paris
Tél. : 01 53 66 13 13

AFM (Association française de marketing)
79, avenue de la République
75543 Paris cedex 11
Internet : www.afm-marketing.org

IFLS (Institut français du libre-service)
46, rue de Clichy
75009 Paris
Tél. : 01 48 74 32 80
Internet : www.ifls.net

Ifop (Institut français d'opinion publique et des études de marché)
6/8, rue Eugène Oudiné
75013 Paris
Tél. : 01 45 84 14 44
Internet : www.ifop.com
E-mail : ifop@ifop.com

INC (Institut national de la consommation)
80, rue Lecourbe
75732 Paris cedex 15
Tél. : 01 45 66 20 20
Internet : www.inc60.fr

Insee (Institut national de la statistique et des études économiques)
18, boulevard Adolphe Pinard
75675 Paris cedex 14
Tél. : 01 41 17 50 50
Internet : www.insee.fr

Ipsos (Institut de sondage)
99, rue de l'Abbé Groult
75015 Paris
Tél. : 01 53 68 28 28
Internet : www.ipsos.fr

Irep (Institut de recherches et d'études publicitaires)
62, rue de la Boétie
75008 Paris
Tél. : 01 45 63 71 73
Internet : www.irep.asso.fr
E-mail : irep.infos@irep.asso.fr

La presse spécialisée

Capital (mensuel)
15, rue Galvani
75806 Paris cedex 17
Tél. : 0 825 07 54 45
Internet : www.capital.fr
E-mail : abonnement@prisma-presse.com

CB News (hebdomadaire)
175/177, rue d'Aguesseau
92100 Boulogne-Billancourt cedex
Tél. : 01 41 86 70 00
Internet : www.cbnews.fr

Management (mensuel)
15, rue Galvani
75809 Paris cedex 17
Tél. : 01 56 99 47 00

Marketing magazine (mensuel)
Marketing Direct (bi-mensuel)
31/35, rue de Gambetta
92150 Suresnes
Tél. : 01 41 18 86 18

Stratégies (hebdomadaire)
2, rue Maurice Hartmann – BP 62
92133 Issy-les-Moulineaux cedex
Tél. : 01 46 29 46 29
Internet : www.strategies.fr
E-mail : infos@strategies.fr

Les grandes agences de publicité

AILLEURS EXACTEMENT
38 bis, rue du Fer à Moulin
75005 Paris
Tél. : 01 55 43 50 00
Internet : www.ailleurs-exactement.com

APACHE
80, route des Creuses
74960 Cran-Gevrier
Tél. : 04 50 69 39 00
Internet : www.apacheconseil.com
E-mail : info@apacheconseil.com

AUSTRALIE
14, rue Aristide Briand
92532 Levallois-Perret cedex
Tél. : 01 47 58 22 00
E-mail : agence@australie.com

BATES
11, rue Galvani
75838 Paris cedex 17
Tél. : 01 44 09 59 59
Internet : www.bates.fr
E-mail : slecoz@bates-france.com

BDDP & FILS
5 bis, rue Mahias
92108 Boulogne-Billancourt cedex
Tél. : 01 55 38 37 36
Internet : www.bddpetfils.fr
E-mail : welcome@bddpetfils.fr

BETC EURO RSCG
85/87, rue du Faubourg Saint-Martin
Passage du désir
75010 Paris
Tél. : 01 56 41 35 00
Internet : www.betc-eurorscg-cbi.com
E-mail : betc@eurorscg.fr

BON ANGLE
2, avenue Bugeaud
75116 Paris
Tél. : 01 45 02 36 36
E-mail : bonangle@wanadoo.fr

CALLEGARI BERVILLE GREY
92, avenue des Ternes
75017 Paris
Tél. : 01 44 09 15 15
E-mail : contact@cbgrey.fr

CAP HORN
18, rue Kléber
92400 La Défense Courbevoie
Tél. : 01 47 88 31 24
Internet : www.caphorn.fr
E-mail : accueil@caphorn.fr

CLM/BBDO
2, allée des Moulineaux
92441 Issy-les-Moulineaux
Tél. : 01 41 23 41 23

COLORADO
50/52, rue Reinhardt
92100 Boulogne-Billancourt
Tél. : 01 55 60 50 00
E-mail : agence.colorado@colorado.fr

DDB NOUVEAU MONDE
92, cours Vitton
69006 Lyon
Tél. : 04 78 24 19 19
Internet : www.ddb-nouveau-monde.com
E-mail : pub@ddb-nouveau-monde.com

DEVARRIEUX VILLARET
164, rue de Rivoli
75044 Paris cedex 01
Tél. : 01 53 29 29 29
Internet : www.devarrieuxvillaret.fr
E-mail : devil@devil.tm.fr

ENJOY
31/33, rue Madame de Sanzillon
92110 Clichy
Tél. : 01 56 76 57 65
Internet : www.enjoy.fr

EURO RSCG & CIE RENNES
17, rue de la Quintaine
35000 Rennes
Tél. : 02 99 65 55 55
E-mail : acceuil@eurorscgetcie.com

EURO RSCG & CO
84, rue de Villiers
92683 Levallois-Perret cedex
Tél. : 01 41 34 34 34
E-mail : stephane.fouks@eurorscg.fr

EURO RSCG SQUADRA
84, rue de Villiers
92683 Levallois-Perret cedex
Tél. : 01 41 34 34 34
Internet : www.eurorscg.fr

FCB
69, boulevard du général Leclerc
92583 Clichy cedex
Tél. : 01 41 06 75 00
Internet : www.fcb.fr
E-mail : nfiliquier@paris.fcb.com

FIP
148, boulevard Masséna
75013 Paris
Tél. : 01 45 86 11 15
E-mail : fipcom@wanadoo.fr

GIBRALTAR
70, rue Jean Bleuzen
92170 Vanves
Tél. : 01 58 04 14 50
E-mail : gibraltar@gibraltar.fr

HEMISPHERE DROIT
23/25, rue Ferdinand Buisson
92110 Clichy
Tél. : 01 58 74 07 40
Internet : www.hemisphere-droit.com
E-mail : hemisphere@hemisphere-droit.com

IMAGE FORCE CORPORATE
49, avenue Marceau
75116 Paris
Tél. : 01 53 23 35 35
Internet : www.imageforce.com

J. WALTER THOMPSON FRANCE
155, rue Anatole France
92593 Levallois-Perret cedex
Tél. : 01 41 05 80 00
Internet : www.jwt.com
E-mail : jwt.france@jwt.com

JEAN & MONTMARIN
4, rond-point Claude Monet
92300 Levallois-Perret
Tél. : 01 46 41 40 00
E-mail : jm@jean-et-montmarin.fr

JUMP FRANCE
6, cours André Philip
69626 Villeurbanne cedex
Tél. : 04 37 47 36 36
E-mail : info@groupejump.com

K.ADVERTISING
20, rue des Jardins
92601 Asnières-sur-Seine cedex
Tél. : 01 41 11 65 65
Internet : www.k-agency.com

LEAGAS DELANEY PARIS CENTRE
8, rue Volney
75002 Paris
Tél. : 01 42 96 62 96
E-mail : contactsldpc@leagasdelaney.com

LEO BURNETT Paris
15, rue du Dôme – BP 245
92108 Boulogne cedex
Tél. : 01 55 20 26 26
Internet : www.leoburnett.com
E-mail : prenom.nom@leoburnett.fr

LM Y & R
1, rue Duguesclin
44000 Nantes
Tél. : 02 40 12 29 50
Internet : www.lmyr.com
E-mail : messages@lmyr.com

LOUIS XIV DDB
55, rue d'Amsterdam
75391 Paris cedex 08
Tél. : 01 53 32 56 69
Internet : www.lxivddb.com

LOWE ALICE
22, quai de la Mégisserie
75046 Paris cedex 01
Tél. : 01 40 41 54 00

NOUVEL ELDORADO
10, avenue George V
75008 Paris
Tél. : 01 40 73 70 70
E-mail : nouvel.eldorado@nouvel-eldorado.fr

OGILVY & MATHER FRANCE
40, avenue George V
75008 Paris
Tél. : 01 53 23 30 00
Internet : www.ogilvy.fr
E-mail : matherfr@ogilvy.net

PROXIMITY/BBDO
2, allée des Moulineaux
92441 Issy-les-Moulineaux cedex
Tél. : 01 41 23 42 50
Internet : www.proximityworld.com

PUBLI REPORTER
6, rue Guillaume Tell
75017 Paris
Tél. : 01 42 12 81 81
Internet : www.proteines.fr
E-mail : c-nouel@proteines-sa.fr

PUBLICIS CONSEIL
133, avenue des Champs-Elysées
75380 Paris cedex 08
Tél. : 01 44 43 70 00
Internet : www.publicis.fr

PUBLICIS ET NOUS
5, rue de Castiglione
75001 Paris
Tél. : 01 55 35 90 90
Internet : www.publicis.fr
E-mail : efavre@publicis.fr

PUBLICIS ETOILE
133, avenue des Champs-Elysées
75008 Paris
Tél. : 01 44 43 78 00
E-mail : publicisetoile@publicis.fr

PUBLICIS REGIONS
133, avenue des Champs-Elysées
75380 Paris cedex 08
Tél. : 01 44 43 59 00
E-mail : Publicis.Regions@regions.publicis.fr

QUALIPIGE
17, rue Fondary
75015 Paris
Tél. : 01 44 37 00 00
Internet : www.qualipige.fr
E-mail : contact@qualipige.fr

RESONNANCES & CIE
14, rue Chapon
75003 Paris
Tél. : 01 53 01 30 00
Internet : www.resonnances.com
E-mail : info@resonnances.fr

ROBINSON
23, rue Saint-Dominique
75007 Paris
Tél. : 01 40 62 37 37

SAATCHI & SAATCHI Paris
30, boulevard Vital Bouhot
92521 Neuilly-sur-Seine cedex
Tél. : 01 40 88 40 00
Internet : www.saatchi.fr
E-mail : ssf@saatchi.fr

SEMIOS
101/109, rue Jean Jaurès
92300 Levallois-Perret
Tél. : 01 41 06 96 00
Internet : www.semios.com
E-mail : semios@semios.com

SENIORAGENCY
40, rue du Cherche Midi
75006 Paris
Tél. : 01 45 49 22 56
Internet : www.senioragency.com

TBWA Paris
162/164, rue de Billancourt
92103 Boulogne-Billancourt cedex
Tél. : 01 49 09 70 10
Internet : www.tbwa.com

TERRE DE SIENNE
79 bis, rue de Paris
92517 Boulogne cedex
Tél. : 01 55 19 19 19
Internet : www.terredesienne.com
E-mail : agence@terredesienne.com

VENISE
3, rue Bellanger
92300 Levallois-Perret
Tél. : 01 40 87 80 80
Internet : www.venise.com

YOUNG & RUBICAM FRANCE
57, avenue André Morizet
92105 Boulogne-Billancourt cedex
Tél. : 01 46 84 33 33

Les grandes agences de marketing opérationnel

141 FRANCE
11, rue Galvani
75017 Paris
Tél. : 01 44 09 59 01
E-mail : info@141-france.com

BAXBE
1, rue de Metz
75010 Paris
Tél. : 01 42 46 86 90
Internet : www.baxbe.fr
E-mail : baxbe@baxbe.fr

BE
15, rue du Dôme
92100 Boulogne-Billancourt
Tél. : 01 55 20 26 26
E-mail : be@be-leo.com

CORSAIRES
26, rue Salomon de Rothschild
92286 Suresnes cedex
Tél. : 01 40 99 80 50
Internet : www.extreme.fr
E-mail : corsaire@corsaires.com

DRAFTWORLDWIDE FRANCE SA
2, rue Mozart
92587 Clichy cedex
Tél. : 01 55 62 44 00
Internet : www.draftworldwide.com
E-mail : draft@draftfrance.com

ECCLA
696, rue Yves Kermen
92658 Boulogne-Billancourt cedex
Tél. : 01 55 20 92 00
Internet : www.eccla.fr
E-mail : agence.eccla@eccla.fr

ESHBRANN COMMUNIDER
6, avenue d'Eylau
75116 Paris
Tél. : 01 56 90 72 00
Internet : www.communider.com
E-mail : infos@communider.com

EURO RSCG MOTIVFORCE & CO
84, rue de Villiers
92683 Levallois-Perret cedex
Tél. : 01 41 34 40 00
Internet : www.motivforce.fr
E-mail : motivforce@eurorscg.fr

EURO RSCG THE SALES MACHINE
1, rue Kléber
92683 Levallois-Perret cedex
Tél. : 01 41 34 34 00

EVEREST
126, avenue Georges Clemenceau
92000 Nanterre
Tél. : 01 46 69 64 64
Internet : www.everestconseil.com
E-mail : everest@groupe-everest.com

FCB 20-80
69, boulevard du général Leclerc
92583 Clichy cedex
Tél. : 01 41 06 75 00
Internet : www.fcb.fr
E-mail : all@20-80.fcb.com

GRRREY ! MARKETING SERVICES
63 bis, rue de Sèvres
92514 Boulogne cedex
Tél. : 01 46 84 85 00
Internet : www.grrrey.com 13
E-mail : marketingservices@grey.fr

K.DIRECT
20, rue des Jardins
92601 Asnières-sur-Seine cedex
Tél. : 01 41 11 65 65
Internet : www.k-agency.com

KOURO SIVO
56, rue Perronet
92204 Neuilly-sur-Seine cedex
Tél. : 01 41 92 46 00
Internet : www.kourosivo.com
E-mail : contact@kourosivo.com

LE PUBLIC SYSTEME
40, rue Anatole France
92594 Levallois-Perret cedex
Tél. : 01 41 34 20 00
Internet : www.le-public-systeme.com
E-mail : info@le-public-systeme.fr

LOWE ZOA
10, rue de Clichy
75009 Paris
Tél. : 01 53 32 34 34
Internet : www.lowezoa.com
E-mail : contact@lowezoa.com

MRM PARTNERS
89, rue de la Faisanderie
75116 Paris
Tél. : 01 45 03 91 00
Internet : www.mrmfrance.com

OGILVY CANAVERAL
44, avenue George V
75008 Paris
Tél. : 01 53 23 73 00
Internet : www.ogilvy.fr
E-mail : ogilvycanaveral@ogilvycanaveral.fr

OGILVY ONE
136, avenue des Champs-Elysées
75008 Paris
Tél. : 01 40 76 24 24
Internet : www.ogilvy.fr
E-mail : ogylvyone@ogilvy.fr

PALO ALTO
9, rue Saint-Fiacre
75002 Paris
Tél. : 01 55 34 09 30
Internet : www.paloalto.fr
E-mail : contact@paloalto.fr

PIMENT
55, rue d'Amsterdam
75391 Paris cedex 08
Tél. : 01 53 32 59 99
Internet : www.piment.fr

PROXIMITY/BBDO
2, allée des Moulineaux
92441 Issy-les-Moulineaux cedex
Tél. : 01 41 23 42 50
Internet : www.proximityworld.com

PUBLICIS DIALOG
46, quai Alphonse Le Gallo
92648 Boulogne-Billancourt cedex
Tél. : 01 55 19 43 14
Internet : www.publicis-dialog.fr
E-mail : catherine.cante@dialog.publicis.fr

RAPP COLLINS
5, rue de Bucarest
75391 Paris cedex 08
Tél. : 01 53 32 57 57
Internet : www.rappcollins.fr
E-mail : rappcollins@rappcollins.fr

SAFARI GROUPE
83, rue du Château
92100 Boulogne-Billancourt
Tél. : 01 46 99 04 50
Internet : www.safari.fr
E-mail : safari@safari.fr

SOGEC L'AGENCE
175 ter, rue de Tolbiac
75013 Paris
Tél. : 01 53 62 50 50
Internet : www.sogec-marketing.com
E-mail : sogeclagence@sogec-marketing.fr

TEQUILA
50/54, rue de Silly
92513 Boulogne-Billancourt cedex
Tél. : 01 49 09 80 20
Internet : www.tequila-france.com
E-mail : info@tequila-france.com

UNITEAM COMMUNICATION
201, rue de Vaugirard
75015 Paris
Tél. : 01 53 58 36 36
Internet : www.uniteam.fr

WUNDERMAN
51, avenue André Morizet
92513 Boulogne-Billancourt cedex
Tél. : 01 46 84 34 22
Internet : www.wunderman.fr

2. Adresses des formations

Les universités par académie

Il s'agit des coordonnées des universités citées dans la partie III.

Aix-Marseille

Université Aix-Marseille I
3, place Victor Hugo
13331 Marseille cedex 3
Tél. : 04 91 10 60 00
Internet : www.up.univ-mrs.fr

Université Aix-Marseille II
Jardin du Pharo
58, boulevard Charles Livon
13264 Marseille cedex 07
Tél. : 04 91 39 65 00
Internet : www.mediterranee.univ-mrs.fr

Université Aix-Marseille III
3, avenue Robert Schuman
13628 Aix-en-Provence cedex 01
Tél. : 04 42 17 28 00

Université d'Avignon et des Pays du Vaucluse
Site universitaire Sainte-Marthe
74, rue Louis Pasteur
84029 Avignon cedex 01
Tél. : 04 90 16 25 00
Minitel : 3614 UNIVA84
Internet : www.univ-avignon.fr

Amiens

Université Picardie-Jules Verne
Chemin du Thil
80025 Amiens cedex 1
Tél. : 03 22 82 72 72
Internet : www.u-picardie.fr

Bordeaux

Université Bordeaux III
Domaine universitaire
33607 Pessac cedex
Tél. : 05 57 12 44 44
Internet : www.montaigne.u-bordeaux.fr

Caen

Université de Caen
Esplanade de la Paix
14032 Caen cedex
Tél. : 02 31 56 55 00
Internet : www.unicaen.fr

Clermont-Ferrand

Université Clermont-Ferrand I
49, boulevard Gergovia – BP 32
63001 Clermont-Ferrand cedex 1
Tél. : 04 73 34 77 77
Internet : www.u-clermont1.fr

Corse

Université Pascal Paoli : Corse
7, avenue Jean Nicoli – BP 52
20250 Corte
Tél. : 04 95 45 00 00
Internet : www.univ-corse.fr

Dijon

Université de Bourgogne : Dijon
Campus universitaire de Montmuzard – BP 27877
21078 Dijon cedex
Tél. : 03 80 39 50 00
Internet : www.u-bourgogne.fr

Grenoble

Université de Savoie : Chambéry
27, rue Marcoz – BP 1104
73011 Chambéry cedex
Tél. : 04 79 75 85 85
Internet : www.univ-savoie.fr

Université Grenoble II
151, rue des Universités
Domaine universitaire de Saint-Martin-d'Hères – BP 47
38040 Grenoble cedex 9
Tél. : 04 76 82 54 00
Internet : www.upmf-grenoble.fr

Lille

Université Lille I
Cité scientifique
59655 Villeneuve-d'Ascq cedex
Tél. : 03 20 43 43 43
Internet : www.univ-lille1.fr

Université Lille II
42, rue Paul Duez
59800 Lille
Tél. : 03 20 96 43 43
Internet : www.univ-lille2.fr

Université Lille III
Domaine universitaire littéraire de Villeneuve-d'Ascq
Pont de Bois – BP 149
59653 Villeneuve-d'Ascq cedex
Tél. : 03 20 41 60 00
Internet : www.univ-lille3.fr

Université du Littoral Côte d'Opale
1, place de l'Yser – BP 1022
59375 Dunkerque cedex 1
Tél. : 03 28 23 73 73
Internet : www.univ-littoral.fr

Université de Valenciennes
Le Mont Houy
59313 Valenciennes cedex 9
Tél. : 03 27 51 12 34
Internet : www.univ-valenciennes.fr

Limoges

Université de Limoges
Hôtel Burgy
13, rue de Genève
87065 Limoges cedex
Tél. : 05 55 45 76 01
Internet : www.unilim.fr

Lyon

Université Lyon II
86, rue Pasteur
69365 Lyon cedex 07
Tél. : 04 78 69 70 00
Internet : www.univ-lyon2.fr

Université Lyon III
1, rue de l'Université – BP 0638
69239 Lyon cedex 02
Tél. : 04 78 78 78 78
Internet : www.univ-lyon3.fr

Université Saint-Etienne
34, rue Francis Baulier
42023 Saint-Etienne cedex 02
Tél. : 04 77 42 17 00
Internet : www.univ-st-etienne.fr

Montpellier

Université Montpellier I
5, boulevard Henri IV – BP 1017
34006 Montpellier cedex 1
Tél. : 04 67 41 74 00
Internet : www.univ-montp1.fr

Université Montpellier III
Route de Mende
34199 Montpellier cedex 5
Tél. : 04 67 14 20 00
Internet : www.univ-montp3.fr

Nancy-Metz

Université de Metz
Ile-du-Saulcy – BP 794
57012 Metz cedex 1
Tél. : 03 87 31 50 50
Internet : www.univ-metz.fr

Université Nancy II
Rue Baron Louis – BP 454
54001 Nancy cedex
Tél. : 03 83 34 46 00
Internet : www.univ-nancy2.fr

Nantes

Université d'Angers
40, rue de Rennes – BP 3532
49035 Angers cedex 01
Tél. : 02 41 96 23 23
Internet : www.univ-angers.fr

Université de Nantes
1, quai de Tourville – BP 1026
44035 Nantes cedex 01
Tél. : 02 40 99 83 83
Internet : www.univ-nantes.fr

Nice

Université de Nice - Sophia Antipolis
Parc Valrose
28, avenue de Valrose
06108 Nice cedex 2
Tél. : 04 92 07 60 60
Internet : www.unice.fr

Orléans-Tours

Université d'Orléans
Château de la Source – BP 6749
45067 Orléans cedex 2
Tél. : 02 38 41 71 71
Internet : www.univ-orleans.fr

Université Tours
3, rue des Tanneurs
37041 Tours cedex
Tél. : 02 47 36 66 00
Internet : www.univ-tours.fr

Paris et région Ile-de-France

Université Paris I
12, place du Panthéon
75231 Paris cedex 05
Tél. : 01 46 34 97 00
Internet : www.univ-paris1.fr

Université Paris II
12, place du Panthéon
75231 Paris cedex 05
Tél. : 01 44 41 57 00
Internet : www.u-paris2.fr

Université Paris III
17, rue de la Sorbonne
75230 Paris cedex 05
Tél. : 01 40 46 28 97 (accueil Sorbonne)
Internet : www.univ-paris3.fr

Université Paris VI
4, place Jussieu
75252 Paris cedex 05
Tél. : 01 44 27 44 27
Internet : www.admp6.jussieu.fr

Université Paris IX
Place du maréchal de Lattre de Tassigny
75775 Paris cedex 16
Tél. : 01 44 05 44 05
Internet : www.dauphine.fr

Université Paris VIII
2, rue de la Liberté
93526 Saint-Denis cedex
Tél. : 01 49 40 67 89
Internet : www.univ-paris8.fr

Université Paris XIII
Avenue Jean-Baptiste Clément
93430 Villetaneuse
Tél. : 01 49 40 30 00
Internet : www.univ-paris13.fr

Université d'Evry-Val d'Essonne
Boulevard François Mitterrand
91025 Evry cedex
Tél. : 01 69 47 70 00
Internet : www.univ-evry.fr

Université Paris X
200, avenue de la République
92001 Nanterre cedex
Tél. : 01 40 97 72 00
Internet : www.u-paris10.fr

Université Paris Sud : Paris XI
15, rue Georges Clémenceau
91405 Orsay cedex
Tél. : 01 69 15 67 50
Internet : www.u-psud.fr

Université de Versailles Saint-Quentin-en-Yvelines
23, rue du Refuge
78035 Versailles cedex
Tél. : 01 39 25 40 00
Internet : www.uvsq.fr

Poitiers

Université de Poitiers
15, rue de l'Hôtel Dieu
86034 Poitiers cedex
Tél. : 05 49 45 30 00
Internet : www.univ-poitiers.fr

Université de La Rochelle
23, avenue Albert Einstein
17071 La Rochelle cedex 9
Tél. : 05 46 45 91 14
Internet : www.univ-lr.fr

Rennes

Université Rennes I
2, rue du Thabor
35065 Rennes cedex
Tél. : 02 99 25 36 36
Internet : www.univ-rennes1.fr

Université Rennes II
6, avenue Gaston Berger
35043 Rennes cedex
Tél. : 02 99 14 10 00
Internet : www.uhb.fr

Rouen

Université du Havre
25, rue Philippe Lebon – BP 1123
76063 Le Havre cedex
Tél. : 02 32 74 40 00
Internet : www.univ.lehavre.fr

Université de Rouen
1, rue Thomas Becket
76821 Mont-Saint-Aignan cedex
Tél. : 02 35 14 60 00
Internet : www.univ-rouen.fr

Strasbourg

Université Strasbourg II
22, rue René Descartes
67084 Strasbourg
Tél. : 03 88 41 73 00
Internet : http://u2.u-strasbg.fr/ici/UMB/site/

Université Strasbourg III
1, place d'Athènes – BP 66
67045 Strasbourg cedex
Tél. : 03 88 41 42 00
Internet : www.urs.u-strasbg.fr

Toulouse

Université Toulouse I
Place Anatole France
31042 Toulouse cedex
Tél. : 05 61 63 35 00
Internet : www.univ-tlse1.fr

Université Toulouse II
5, allée Antonio Machado
31058 Toulouse cedex 1
Tél. : 05 61 50 42 50
Internet : www.univ-tlse2.fr

Les IUT

Il s'agit des coordonnées des IUT citées dans la partie III.

02 Laon
IUT Amiens
2, rue Pierre Curie
02000 Laon cedex
Tél. : 03 23 26 01 48

03 Montluçon
IUT Clermont-Ferrand II
8, avenue Aristide Briand – BP 408
03107 Montluçon cedex
Tél. : 04 70 02 20 00
Internet : www.moniut.univ-bpclermont.fr

03 Moulins
IUT Montluçon
Boulevard de Nomazy
03000 Moulins
Tél. : 04 70 46 86 11
Internet : www.moniut.univ-bpclermont.fr

06 Cannes - La Bocca
IUT Nice
54, rue de Cannes
06150 Cannes - La Bocca
Tél. : 04 93 90 53 52

06 Nice
IUT Nice
41, boulevard Napoléon III
06041 Nice cedex
Tél. : 04 97 25 82 00
Internet : www.stid.unice.fr/iut/

06 Valbonne
IUT Nice
650, route des Colles
06560 Valbonne
Tél. : 04 93 95 51 00

10 Troyes
IUT Reims
9, rue de Québec
10026 Troyes cedex
Tél. : 03 25 42 46 46
Internet : www.iut-troyes.univ-reims.fr

13 Aix-en-Provence
IUT Aix-Marseille II
Avenue Gaston Berger
13625 Aix-en-Provence cedex 1
Tél. : 04 42 93 90 00
Internet : www.iut.univ-aix.fr

14 Caen
IUT Caen
Boulevard du maréchal Juin
14032 Caen cedex
Tél. : 02 31 56 70 00

14 Ifs
IUT Caen
Rue Anton Tchekhov
14123 Ifs cedex
Tél. : 02 31 52 55 00
Internet : www.iutc3.unicaen.fr

14 Lisieux
IUT Caen
11, boulevard Jules Ferry
14100 Lisieux
Tél. : 02 31 48 44 00

16 Angoulême
IUT Poitiers
4, avenue de Varsovie
16021 Angoulême cedex
Tél. : 05 45 67 32 00
Internet : http://iut-angouleme.univ-poitiers.fr

17 La Rochelle
IUT La Rochelle
15, rue François de Vaux de Foletier
17026 La Rochelle cedex 01
Tél. : 05 46 51 39 00
Internet : www.iut.univ-lr.fr

20 Corte
IUT Corte
La Citadelle
20250 Corte
Tél. : 04 95 46 17 31
Internet : www.iut.univ-corse.fr

21 Dijon
IUT Dijon
Boulevard docteur Petitjean – BP 17867
21078 Dijon cedex
Tél. : 03 80 39 64 01
Internet : http://iutdijon.u-bourgogne.fr

22 Lannion
IUT Rennes
Rue Edouard Branly – BP 150
22302 Lannion cedex
Tél. : 02 96 48 43 34
Internet : www.iut-lannion.fr

22 Saint-Brieuc
IUT Rennes I
18, rue Henri Wallon – BP 406
22000 Saint-Brieuc
Tél. : 02 96 60 87 40
Internet : www.iutsb.univ-rennes1.fr

24 Périgueux
IUT Bordeaux IV
39, rue Paul Mazy
24019 Périgueux cedex
Tél. : 05 53 02 58 58
Internet : http://iutpx.montesquieu.u-bordeaux.fr

25 Besançon
IUT Besançon
30, avenue de l'Observatoire – BP 1559
25009 Besançon cedex
Tél. : 03 81 66 68 00

26 Valence
IUT Grenoble II
51, rue Barthélemy de Laffémas – BP 29
26901 Valence cedex 9
Tél. : 04 75 41 88 00
Internet : www.iut-valence.fr

27 Evreux
IUT Rouen
43, rue Saint-Germain
27000 Evreux
Tél. : 02 32 29 15 45

29 Quimper
IUT Brest
2, rue de l'Université
29334 Quimper cedex
Tél. : 02 98 90 02 27
Internet : www.univ-brest.fr/iutquimp/

31 Toulouse
IUT A Toulouse III
115, route de Narbonne
31077 Toulouse cedex
Tél. : 05 62 25 80 30
Internet : www.iut-tlse3.fr

33 Bordeaux
1, rue Jacques Ellul
33080 Bordeaux cedex
Tél. : 05 57 12 20 20
Internet : www.iutb.u-bordeaux.fr/journalisme/

33 Gradignan
IUT Bordeaux III
Avenue d'Aquitaine – BP 205
33175 Gradignan cedex
Tél. : 05 57 35 85 85

34 Béziers
IUT Montpellier II
17, quai du Port Neuf
34500 Béziers
Tél. : 04 67 11 18 00
Internet : www.iutbeziers.univ-mont2.fr

34 Montpellier
IUT Montpellier II
99, avenue d'Occitanie
34296 Montpellier cedex 05
Tél. : 04 99 58 50 40
Internet : www.iutmontp.univ-montp2.fr

36 Châteauroux
IUT Orléans
2, avenue François Mitterrand
36000 Châteauroux
Tél. : 02 54 08 25 50
Internet : www.univ-orleans.fr/IUT_CHATEAUROUX/

37 Tours
IUT Tours
29, rue du Pont-Volant
37082 Tours cedex 02
Tél. : 02 47 36 75 02
Internet : www.iut.univ-tours.fr

38 Grenoble
IUT Grenoble II
2, place doyen Gosse
38031 Grenoble cedex
Tél. : 04 76 28 45 09
Internet : www.iut2.upmf-grenoble.fr/iut2v2/

42 Roanne
IUT Saint-Etienne
20, avenue de Paris
42334 Roanne cedex
Tél. : 04 77 44 89 00
Internet : www.univ-st-etienne.fr/roanne/

42 Saint-Etienne
IUT Saint-Etienne
28, avenue Léon Jouhaux
42023 Saint-Etienne cedex 2
Tél. : 04 77 46 33 00
Internet : www.iut.univ-st-etienne.fr

44 Saint-Nazaire
IUT Nantes
58, rue Michel Ange – BP 420
44600 Saint-Nazaire
Tél. : 02 40 17 81 59
Internet : www.iutsn.univ-nantes.fr

46 Figeac
IUT Toulouse II
Avenue de Nayrac
46100 Figeac
Tél. : 05 65 50 30 60
Internet : www.univ-tlse2.fr/iut-figeac/

49 Angers
IUT Angers
4, boulevard Lavoisière – BP 2018
49016 Angers cedex
Tél. : 02 41 73 52 52

50 Cherbourg-Octeville
IUT de Cherbourg
Cité universitaire d'Octeville
Rue Max-Pol Fouchet – BP 82
50130 Cherbourg-Octeville cedex
Tél. : 02 33 01 45 00
Internet : www.iutchbg.unicaen/sg/autres.html

51 Reims
IUT Reims
Rue des Crayères – BP 1035
51687 Reims cedex 02
Tél. : 02 33 01 45 00
Internet : www.univ-reims.fr/UFR/IUT/

53 Laval
IUT Le Mans
52, rue Calmette et Guérin – BP 2045
53020 Laval cedex 9
Tél. : 02 43 59 49 01
Internet : www.iut-laval.univ-lemans.fr

54 Nancy
IUT A Nancy II
2 ter, boulevard Charlemagne
54000 Nancy
Tél. : 03 83 91 31 31
Internet : www.iuta.univ-nancy2.fr

56 Vannes
IUT Bretagne Sud
8, rue Montaigne
56017 Vannes cedex
Tél. : 02 97 46 31 31
Internet : www.iu-vannes.fr

57 Metz
IUT Metz
Ile du Saulcy – BP 794
57045 Metz cedex 01
Tél. : 03 87 31 51 52
Internet : www.iut.univ-metz.fr

59 Roubaix
IUT C Lille II
Rond-point de l'Europe – BP 557
59060 Roubaix cedex 01
Tél. : 03 28 33 36 20
Internet : www2.univ-lille2.fr/iut/

59 Tourcoing
IUT B Lille III
35, rue Sainte-Barbe – BP 460
59208 Tourcoing cedex 1
Tél. : 03 20 76 25 47
Internet : www.iut.univ-lille3.fr

59 Valenciennes
IUT Valenciennes
Le Mont Houy – BP 311
59304 Valenciennes cedex
Tél. : 03 27 14 12 52
Internet : www.univ-valenciennes/IUT/

60 Beauvais
IUT de l'Oise
50, rue de Jeanne d'Arc
60000 Beauvais
Tél. : 03 44 06 88 62

60 Creil
IUT de l'Oise
13, allée de la Faïencerie
60105 Creil cedex
Tél. : 03 44 64 46 40

62 Lens
IUT Artois
Rue de l'Université – SP 16
62307 Lens cedex
Tél. : 03 21 79 32 32
Internet : www.iut-lens.univ-artois.fr

64 Bayonne
IUT Pau
3, avenue Jean Darrigrand
64115 Bayonne cedex
Tél. : 05 59 52 89 60
Internet : wwwbay.univ-pau.fr

65 Tarbes
IUT Toulouse III
1, rue Lautréamont – BP 1624
65016 Tarbes cedex 4
Tél. : 05 62 44 42 30
Internet : www.iut-tarbes.fr

67 Illkirch-Graffenstaden
IUT Strasbourg III
72, route du Rhin
67400 Illkirch-Graffenstaden
Tél. : 03 88 67 63 00

68 Colmar
IUT Mulhouse
34, rue du Grillenbreit
68008 Colmar cedex
Tél. : 03 89 20 23 58
Internet : www.iutcolmar.uha.fr

68 Mulhouse
IUT Mulhouse
61, rue Albert Camus
68093 Mulhouse cedex
Tél. : 03 89 33 74 00
Internet : www.iutmulhouse.uha.fr

69 Lyon
IUT Lyon III
4, cours Albert Thomas
69372 Lyon cedex 03
Tél. : 04 72 72 44 10

69 Villeurbanne
IUT A Lyon I
43, boulevard du 11 novembre 1918
69100 Villeurbanne cedex
Tél. : 04 72 69 20 00
Internet : http://iuta.univ-lyon1.fr

71 Le Creusot
IUT Dijon
12, rue de la Fonderie
71200 Le Creusot
Tél. : 03 85 73 10 00

74 Annecy-le-Vieux
IUT Chambéry
9, rue de l'Arc-en-ciel – BP 240
74942 Annecy-le-Vieux cedex
Tél. : 04 50 09 22 22
Internet : www.iut.univ-savoie.fr

75 Paris
IUT Paris V
143, avenue de Versailles
75016 Paris
Tél. : 01 44 14 44 00
Internet : www.iut.univ-paris5.fr

76 Le Havre
IUT Le Havre
Place Robert Schumann – BP 4006
76610 Le Havre cedex
Tél. : 02 32 74 46 00
Internet : www.univ-lehavre.fr/iut/

76 Mont-Saint-Aignan
IUT Rouen
Rue Lavoisier – BP 246
76821 Mont-Saint-Aignan cedex
Tél. : 02 35 14 62 02

77 Champs-sur-Marne
Cité Descartes
20, rue Albert Einstein
77420 Champs-sur-Marne
Tél. : 01 64 73 05 00

77 Lieusaint
IUT Paris XII
4, avenue Pierre Point
77127 Lieusaint cedex
Tél. : 01 64 13 44 88

77 Meaux
IUT Marne-la-Vallée
17, rue Jablinot
77100 Meaux cedex
Tél. : 01 64 36 44 10

78 Mantes-la-Jolie
IUT Vélizy
7, rue Jean Hoët
78200 Mantes-la-Jolie
Tél. : 01 30 98 13 50

78 Rambouillet
IUT Vélizy
19, allée des Vignes
78120 Rambouillet
Tél. : 01 30 46 51 00

80 Amiens
IUT Amiens
Avenue des Facultés – Le Bailly
80025 Amiens cedex 1
Tél. : 03 22 53 40 40
Internet : www.iut-amiens.fr

83 La Garde
IUT Toulon
Avenue de l'Université – BP 132
83957 La Garde cedex
Tél. : 04 94 14 22 08

84 Avignon
IUT Avignon
337, chemin des Meinajariès – BP 1207
84911 Avignon cedex 9
Tél. : 04 90 84 14 00
Internet : www.univ-avignon.fr

85 La Roche-sur-Yon
IUT Nantes
18, boulevard Gaston Deferre
85035 La Roche-sur-Yon cedex
Tél. : 02 51 47 84 60
Internet : www.iut-nantes.univ-nantes.fr

86 Châtellerault
IUT Poitiers
Rue Alfred Nobel
86100 Châtellerault
Tél. : 05 49 02 52 10

87 Limoges
IUT Limoges
Allée André Maurois
87065 Limoges cedex
Tél. : 05 55 43 43 55
Internet : www.iut-limoges.unilim.fr

88 Epinal
IUT Nancy II
7, rue des Fusillés de la Résistance – BP 392
88010 Epinal cedex
Tél. : 03 29 69 68 05
Internet : www.iut-epinal.univ-nancy2.fr

90 Belfort
IUT Besançon
11, rue Engel Gros – BP 27
90016 Belfort cedex
Tél. : 03 84 58 77 00
Internet : www.iut-bm.univ-fcomte.fr

91 Athis-Mons
IUT Evry
77, avenue Marcel Sembat
91200 Athis-Mons
Tél. : 01 69 38 44 63

91 Evry
IUT Evry
« Les passages »
22, allée Jean Rostand
91025 Evry cedex
Tél. : 01 69 47 72 00

92 Sceaux
IUT Paris XI
8, avenue Cauchy
92330 Sceaux
Tél. : 01 40 91 24 99
Internet : www.iut-sceaux.u-psud.fr

93 Saint-Denis
IUT Paris XIII
Place du 8 Mai 1945
93206 Saint-Denis cedex 01
Tél. : 01 49 40 61 00

94 Créteil
IUT de Paris XII
61, avenue du général de Gaulle – Bât. L1
94010 Créteil cedex
Tél. : 01 45 17 17 01
Internet : www.univ-paris12.fr/iut/

95 Cergy-Pontoise
IUT de Cergy-Pontoise
49, avenue des Genottes
95806 Cergy-Pontoise cedex
Tél. : 01 30 75 34 34
Internet : www.iut.u-cergy.fr

95 Sarcelles
IUT Cergy-Pontoise
34, boulevard Bergson
95200 Sarcelles
Tél. : 01 34 38 26 26

Les écoles

Les écoles de commerce et de communication

Ecole nationale de commerce
70, boulevard Bessières
75847 Paris cedex 17
Tél. : 01 44 85 85 00
Internet : http://enc-bessieres.org

ECV (Ecole de communication visuelle, arts graphiques)
77, rue du Cherche Midi
75006 Paris
Tél. : 01 42 22 11 33

ECV Bordeaux
42, quai des Chartrons
33000 Bordeaux
Tél. : 05 56 52 90 52

EFAP Communication
10/12, rue Baudin
92300 Levallois-Perret
Tél. : 01 47 48 00 10
Internet : www.efap.com
E-mail : efapcom@efap.com

EFAP Lille
9/11, rue Léon Trulin
59000 Lille
Tél. : 03 20 74 64 90
E-mail : lille@efap.com

EFAP Lyon
47, rue Henry Gorjus
69004 Lyon
Tél. : 04 78 30 10 01
E-mail : lyon@efap.com

EFAP Paris
61, rue Pierre Charron
75008 Paris
Tél. : 01 53 76 88 00
E-mail : infos@efap.com

ESPM (Ecole supérieure de publicité et de marketing)
9, rue Léo Delibes
75116 Paris
Tél. : 01 47 27 77 49

ESTACOM
CESAL – Campus de la CCI du Cher
25, rue Louis Mallet
18000 Bourges
Tél. : 02 48 67 55 55

EDHEC Lille (Ecole des hautes études commerciales)
58, rue du Port
59046 Lille cedex
Tél. : 03 20 15 45 00
Internet : www.edhec.com

EDHEC Nice
393, promenade des Anglais – BP 116
06202 Nice cedex
Tél. : 04 93 18 99 66
Internet : www.edhec.com

EGC Avignon (Ecole de gestion et de commerce)
Agroparc – BP 1201
40, rue Claude-Adrien Helvétius
84911 Avignon cedex 9
Tél. : 04 90 13 86 12
Internet : www.egc-avignon.com

EGC Bayonne
CCI de Bayonne
50/51, allée Marines – BP 215
64102 Bayonne cedex
Tél. : 05 59 46 58 58

EGC Le Mans
CCI Management
7, avenue des Platanes
72100 Le Mans
Tél. : 02 43 72 87 12
Internet : www.egc-lemans.net

EGC Lille
45, avenue André Chénier – BP 145
59053 Roubaix cedex
Tél. : 03 20 28 29 24

EGC Vendée
28, boulevard d'Angleterre
85000 La Roche-sur-Yon
Tél. : 02 51 47 70 80

Vous trouverez toutes les coordonnées des EGC et des informations supplémentaires sur www.reseau-egc.com

Ecole de management de Lyon
23, avenue Guy de Collongue – BP 174
69132 Ecully cedex
Tél. : 04 78 33 78 00
Internet : www.em-lyon.com

ESAC (Ecole supérieure des arts et de la communication)
Villa Formose
74, allée de Morlaàs
64000 Pau
Tél. : 05 59 02 20 06
Internet : www.esac-pau.fr
E-mail : administration@esac-pau.fr

ESCCOM (Ecole supérieure de commerce et de communication)
22, rue El Nouzah
06000 Nice
Tél. : 04 93 85 16 67
Internet : www.esccom.net
E-mail : nice@esccom.net

ESCP-EAP
79, avenue de la République
75011 Paris
Tél. : 01 49 23 20 00
Internet : www.escp-eap.net

ESC Dijon (Ecole supérieure de commerce)
29, rue Sambin – BP 50608
21006 Dijon cedex
Tél. : 03 80 72 59 00
Internet : www.escdijon.com
E-mail : escdijon@escdijon.com

ESC Grenoble
Ecole de management
10, rue Pierre Sémard
38000 Grenoble
Tél. : 04 76 70 62 64
Internet : www.grenoble-em.com

ESC La Rochelle
102, rue de Coureilles – Les Minimes
17024 La Rochelle cedex 1
Tél. : 05 46 51 77 00
Internet : www.esc-larochelle.fr
E-mail : com@esc-larochelle.fr

ESC Lyon
Avenue Guy de Collongue – BP 174
69132 Ecully cedex
Tel. : 04 78 33 78 00

ESC Lille
Avenue Willy Brandt
Euralille
59777 Lille
Tél. : 03 20 21 59 62
Internet : www.esc-lille.fr
E-mail : info@esc-lille.fr

ESC Marne-la-Vallée
54, rue de la Maison rouge
77185 Lognes – Marne-la-Vallée
Tél. : 01 64 62 63 64
Internet : www.esm-a.com
E-mail : esm-a@esma-@.com

ESC Marseille
Domaine de Luminy – BP 921
13288 Marseille cedex 9
Tél. : 04 91 82 79 00
Internet : www.esc-marseille.fr
E-mail : info@esc-marseille.fr

ESCEM Poitiers
11, rue de l'Ancienne comédie – BP 5
86001 Poitiers cedex 3
Tél. : 05 49 60 58 00
Internet : www.escem.fr

ESC Rennes
2, rue Robert d'Arbrissel – CS 76 522
35065 Rennes cedex
Tél. : 02 99 54 63 63
Internet : www.esc-rennes.fr

ESC Rouen
Boulevard André Siegfried – BP 188
76825 Mont-Saint-Aignan cedex
Tél. : 02 32 82 57 00
Internet : www.esc-rouen.fr

ESC Toulouse
20, boulevard Lascrosses – BP 7010
31068 Toulouse cedex 7
Tél. : 05 61 29 49 49
Internet : www.esc-toulouse.fr

ESCEM Tours
1, rue Léo Delibes – BP 0535
37205 Tours cedex 3
Tél. : 02 47 71 71 71
Internet : www.escem.fr

ESG (Ecole supérieure de gestion)
25, rue Saint-Ambroise
75011 Paris
Tél. : 01 53 36 44 00
Internet : www.esg.fr

ESSEC
Avenue Bernard Hirsch – BP 105
95021 Cergy-Pontoise cedex
Tél. : 01 34 43 30 00
Internet : www.essec.fr

EPPREP (Ecole de publicité presse et relations publiques)
6, rue Froment
75011 Paris
Tél. : 01 55 28 82 82

HEC (Hautes études commerciales)
1, rue de la Libération
78351 Jouy-en-Josas cedex
Tél. : 01 39 67 70 00
Internet : www.hec.fr

ISCOM Lille
41, rue d'Amiens
59800 Lille
Tél. : 03 20 40 00 12
Internet : www.iscom.fr

ISCOM Lyon
14, avenue Georges Pompidou
69003 Lyon
Tél. : 04 72 91 36 04
Internet : www.iscom.fr

ISCOM Montpellier
Parc Euromédecine
1702, rue de Saint-Priest
34000 Montpellier
Tél. : 04 67 10 57 74
Internet : www.iscom.fr

ISCOM Paris
4, cité de Londres
75009 Paris
Tél. : 01 55 07 07 77
Internet : www.iscom.fr

ISCOM Strasbourg
15, rue des Magasins
67000 Strasbourg
Tél. : 03 88 37 59 03
Internet : www.iscom.fr

ISCPA Lyon (Institut des médias)
107, rue de Marseille
69632 Lyon cedex 7
Tél. : 04 72 73 47 83
Internet : www.iscpa.net

ISCPA Paris (Institut des médias)
12, rue Alexandre Parodi
75010 Paris
Tél. : 01 40 03 15 56
Internet : www.iscpa.net

ICOGES (Institut de commerce et de gestion)
9, rue Saint-Lambert
75015 Paris
Tél. : 01 45 58 17 33
Internet : www.icoges.fr

PIGIER
24, rue de Londres
75009 Paris
tél. : 01 55 31 26 00
Internet : www.pigier.com

Les écoles dispensant une formation artistique

Ecole d'art Maryse Eloy
48, rue Beaubourg
75003 Paris
Tél. : 01 42 78 53 50
Internet : www.ecole-maryse-eloy.com

Ecole Brassart
185, boulevard Thiers
37000 Tours
Tél. : 02 47 38 62 05
Internet : www.ecolebrassart.com
E-mail : contact@ecolebrassart.com

ESAA (Ecole supérieure d'arts appliqués)
13, boulevard Henri Barbusse
10003 Troyes
Tél. : 03 25 80 44 44

ESAA (Ecole supérieure des arts appliqués Dupérré)
11, rue Dupetit-Thouars
75003 Paris
Tél. : 01 42 78 59 09
Internet : http://esaa-duperre.scola.ac-paris.fr

ENSAD
31, rue d'Ulm
75005 Paris
Tél. : 01 42 34 97 00
Internet : www.ensad.fr

ENSBA
14, rue Bonaparte
75006 Paris
Tél. : 01 55 04 56 50
Internet : www.ensba.fr
E-mail : info@ensba.fr

ESAG (Ecole supérieure d'arts graphiques)
Atelier privé Met de Penninghen
31, rue du Dragon
75006 Paris
Tél. : 01 42 22 55 07
Internet : www.esag.tm.fr

ESEAIG (Ecole Estienne)
18, boulevard Auguste Blanqui
75013 Paris
Tél. : 01 55 43 47 47
Internet : http://lyc-estienne.scola.ac-paris.fr

ENSAAMA
65, rue Olivier de Serres
75015 Paris
Tél. : 01 53 68 16 99
Internet : http://lyc-olivier-de-serres.scola.ac-paris.fr

Ecole Boulle
9, rue Pierre Bourdan
75012 Paris
Tél. : 01 43 46 67 34
Internet : www.ecole-boulle.org

Ecole d'Art d'Aix-en-Provence
Rue Emile Tavan
13100 Aix-en-Provence
Tél. : 04 42 27 57 35

Institut d'arts visuels
14, rue Dupanloup
45000 Orléans
Tél. : 02 38 79 24 67
Internet : www.ville-orleans.fr/html/iav.htm

Sciences com'
1, rue Marivaux – BP 80803
44003 Nantes cedex 1
Tél. : 02 40 44 90 00
Internet : www.sciencescom.org

Sup de création
68, rue de Lille
59100 Roubaix
Tél. : 03 20 73 54 99
Internet : www.supdecreation.org
E-mail : supdecre@wanadoo.fr

Sup de pub
31, quai de la Seine
75019 Paris
Tél. : 01 42 09 99 17
Internet : www.sup-de-pub.com

Les écoles nationales d'art

Villa Arson
20, avenue Stéphen Liégeard
06105 Nice cedex
Tél. : 04 92 07 73 73

Ecole nationale des beaux-arts de Bourges
7, rue Edouard Branly – BP 297
18006 Bourges cedex
Tél. : 02 48 69 78 78
Internet : www.enba-bourges.org

Ecole nationale des beaux-arts de Dijon
3, rue Michelet
21000 Dijon
Tél. : 03 80 30 21 27

Ecole nationale des beaux-arts de Nancy
1, avenue Boffrand – BP 3129
54013 Nancy cedex
Tél. : 03 83 41 61 61
Internet : www.ensa-nancy.fr

Ecole nationale d'art décoratif de Limoges et d'Aubusson
19, avenue Martin Luther King
87000 Limoges
Tél. : 05 55 43 14 00

Ecole nationale d'arts de Cergy-Pontoise
2, rue des Italiens
95000 Cergy-Pontoise
Tél. : 01 30 30 54 44

Les écoles régionales et municipales d'art

Aix-en-Provence
1, rue Emile Tavan
13100 Aix-en-Provence
Tél. : 04 42 27 57 35

Amiens
75, rue Octave Tierce
80000 Amiens
Tél. : 03 22 66 49 90

Angers
Hôtel d'Ollone
72, rue de Bressigny
49000 Angers
Tél. : 02 41 24 13 50

Angoulême
EESATI
134, route de Bordeaux
16000 Angoulême
Tél. : 05 45 92 66 02

Annecy
52, rue des Marquisats
74000 Annecy
Tél. : 04 50 33 65 50

Avignon
7, rue Violette
84000 Avignon
Tél. : 04 90 27 04 23

Besançon
12/14, rue Denis Papin
25000 Besançon
Tél. : 03 81 87 81 30

Bordeaux
7, rue des Beaux-Arts
33000 Bordeaux
Tél. : 05 56 33 49 10

Brest
16, rue du Château
29200 Brest
Tél. : 02 98 44 33 37

Caen
83, rue de Geôle
14000 Caen
Tél. : 02 31 30 47 90

Cambrai
7, rue de Paon
59400 Cambrai
Tél. : 03 27 81 44 74

Cherbourg
109, avenue de Paris
50100 Cherbourg
Tél. : 02 33 43 33 74

Clermont-Ferrand
11, rue Ballainvilliers
63000 Clermont-Ferrand
Tél. : 04 73 91 43 86

Dunkerque
930, avenue de Rosendaël
59240 Dunkerque
Tél. : 03 28 63 72 93

Epinal
15, rue des Jardiniers
88000 Epinal
Tél. : 03 29 31 45 45

Fort-de-France
Rue Carlos Finlay – L'Ermitage
97200 Fort-de-France
Tél. : 05 96 60 25 29

Le Fresnoy-Tourcoing
Studio national des arts contemporains
244, boulevard Descat – BP 2
59207 Tourcoing
Tél. : 03 20 28 38 00

Grenoble
25, rue Lesdiguières
38000 Grenoble
Tél. : 04 76 86 61 30

Le Havre
65, rue Demidoff
76600 Le Havre
Tél. : 02 35 53 30 31

Lorient
1, avenue Kergroise
56100 Lorient
Tél. : 02 97 88 29 90

Lyon
10, rue Neyret
69001 Lyon
Tél. : 04 78 28 13 67

Le Mans
28, avenue Rostov-sur-le-Don
72000 Le Mans
Tél. : 02 43 47 38 53

Marseille
184, avenue de Luminy
13288 Marseille-Luminy cedex 9
Tél. : 04 91 41 01 44

Metz
1, rue de la Citadelle
57000 Metz
Tél. : 03 87 68 25 25

Montpellier
130, rue Yehudi Menuhim
34000 Montpellier
Tél. : 04 99 58 32 85

Mulhouse
3, quai des Pêcheurs
68200 Mulhouse
Tél. : 03 89 32 12 92

Nantes
5, rue Fénelon
44000 Nantes
Tél. : 02 40 41 58 00

Nîmes
10, Grande Rue
30000 Nîmes
Tél. : 04 66 76 70 22

Orléans
14, rue Dupanloup
45032 Orléans cedex
Tél. : 02 38 79 24 67

Pau
Villa Formose
74, allée des Morlaàs
Tél. : 05 59 02 20 06

Perpignan
3, rue du maréchal Foch
66000 Perpignan
Tél. : 04 68 66 31 84

Poitiers
26, rue Jean Alexandre
86000 Poitiers
Tél. : 05 49 88 96 53

Le Port-La Réunion
Parc de l'Oasis
Rue du 8 Mars
97420 Le Port
Tél. : 02 62 43 08 01

Quimper
8, parc du 137ᵉ RI
29000 Quimper
Tél. : 02 98 55 61 57

Reims
12, rue Libergier
51100 Reims
Tél. : 03 26 84 69 90

Rennes
30, rue Hoche
35000 Rennes
Tél. : 02 99 28 55 78

Rouen
Cloître Saint-Maclou
186, rue Martainville
76000 Rouen
Tél. : 02 35 71 38 49

Saint-Etienne
15, rue Henri Gonnard
42000 Saint-Etienne
Tél. : 04 77 47 88 00

Strasbourg
1, rue de l'Académie
67000 Strasbourg
Tél. : 03 88 35 38 58

Toulon
Boulevard du commandant Nicolas
83100 Toulon
Tél. : 04 94 62 01 48

Toulouse
5, quai de la Daurade
31000 Toulouse
Tél. : 05 61 23 25 49

Tourcoing
36, rue des Ursulines
59200 Tourcoing
Tél. : 03 20 27 23 97

Tours
Jardin François 1er
37000 Tours
Tél. : 02 47 05 72 88

Valence
Place des Beaux-Arts
26000 Valence
Tél. : 04 75 79 24 00

Valenciennes
8, rue Ferrand
59300 Valenciennes
Tél. : 03 27 22 57 59

Les IEP

IEP de Paris
27, rue Saint-Guillaume
75337 Paris cedex 07
Tél. : 01 45 49 50 50
Internet : www.sciences-po.fr

IEP d'Aix-en-Provence
25, rue Gaston de Saporta
13625 Aix-en-Provence cedex 1
Tél. : 04 42 17 01 60
Internet : www.iep-aix.fr

IEP de Bordeaux
Domaine universitaire
11, allée de l'Ausone
33607 Pessac cedex
Tél. : 05 56 84 42 52
Internet : www.iep.u-bordeaux.fr

IEP de Grenoble
BP 48
38040 Grenoble cedex 9
Tél. : 04 76 82 60 00
Internet : www-sciences-po.upmf-grenoble.fr

IEP de Lille
84, rue de Trévise
59000 Lille
Tél. : 03 20 90 48 40
Internet : www.iep.univ-lille2.fr

IEP de Lyon
14, avenue Berthelot
69365 Lyon cedex 07
Tél. : 04 37 28 38 00
Internet : http://iep.univ-lyon2.fr

IEP de Rennes
104, boulevard de la Duchesse Anne
35700 Rennes
Tél. : 02 99 84 39 39
Internet : www.rennes.iep.fr

IEP de Strasbourg
47, avenue de la Forêt Noire
67082 Strasbourg cedex
Tél. : 03 88 41 77 63
Internet : www-iep.u-strasbg.fr

IEP de Toulouse
Place des Hauts Murats – BP 354
31000 Toulouse
Tél. : 05 61 11 02 60
Internet : www.univ-tlse1.fr/iep/

LEXIQUE

AACC : Association des agences conseils en communication (voir carnet d'adresses).

Access prime time : plage horaire située juste avant le créneau bénéficiant de l'audience la plus forte. En France, par exemple, l'access prime time à la télévision se situe entre 19 h et 20 h.

Accroche : partie d'un message publicitaire destinée à capter l'attention du lecteur, afin de l'inciter à découvrir le reste de l'annonce.

Achat d'espace : transaction visant à acquérir des emplacements publicitaires, que ce soit dans le domaine de la presse (pages de publicité) ou de l'audiovisuel (minutes de diffusion radiophonique ou télévisuelle).

Achat d'impulsion : achat provoqué par un élan irraisonné. Par exemple : avoir le réflexe de saisir, dans un rayon de supermarché, le produit dont le paquet affiche « 20 % gratuits ».

Affect : ensemble de sentiments (humeur, affection, émotion, etc.) pouvant guider le comportement d'achat du consommateur.

Annonce : message publicitaire.

Annonceur : commanditaire d'une action publicitaire. Par exemple : la personne représentant la marque ou le produit dont la publicité a été confiée à l'agence.

Approche : idée ou contact initial.

AOC : appellation d'origine contrôlée.

Bandeau :
• support publicitaire horizontal s'étalant, dans la presse écrite, sur plusieurs colonnes, et barrant horizontalement un écran s'il s'agit d'un support médiatique (écran de télé ou d'ordinateur...) ;
• type de bannière sur internet dont les formats sont standardisés. La taille de bandeau la plus courante est 468 x 60 pixels.

Bandeau en dur : bandeau incrusté dans une page web.

Bannière : forme de publicité sur internet visant à insérer dans une page un écran publicitaire.

BAT (bon à tirer) : dernière version d'un document (annonce, affiche, etc.) dont la validation permet le lancement de l'impression définitive.

B to B (Business to Business) : relations de commerce établies entre deux entreprises.

B to C (Business to Consumer) : relations de commerce établies entre une entreprise et un consommateur.

BDD : base de données.

Blind test : expérience réalisée « à l'aveugle ». Par exemple, reconnaître la marque ou les composants d'un yaourt en le goûtant les yeux fermés ou en ne possédant aucune information permettant de découvrir son identité.

Body-copy : texte publicitaire imaginé par le concepteur-rédacteur.

Brainstorming : réunion permettant la recherche collective sur un thème donné.

Brief : résumé, mise au courant, exposé reprenant toutes les données d'un problème.

BVP (Bureau de vérification de la publicité) : association chargée du contrôle de la conformité (moralité, loyauté, respect de la législation en vigueur, etc.) des messages, des annonces et des films publicitaires.

Campagne : ensemble des actions menées pour la promotion d'un produit.

Casting : audition permettant la sélection de mannequins, comédiens, figurants, etc., en vue de la réalisation d'un tournage ou d'une prise de vue.

Ceinturer : retenir une grande partie des panneaux d'affichage publicitaire se trouvant à la périphérie d'une agglomération, ce système permettant d'atteindre le maximum d'individus y entrant et/ou en sortant.

Chaland : client.

Cible : catégorie de la population visée par une étude, une publicité, etc.

Communication institutionnelle : communication axée sur l'entreprise elle-même et non sur une marque ou un produit.

Copy stratégie : étude élaborée par le planner stratégique et qui présente les problèmes rencontrés par une marque ainsi que les solutions proposées pour les résoudre.

Couplage : achat simultané dans plusieurs supports d'un même groupe, permettant généralement l'obtention de tarifs réduits.

Couponing : distribution de coupons de réduction.

Coût au clic : la publicité sur internet peut être facturée au coût du clic. L'annonceur paie la campagne à un prix déterminé de X euros par clic.

Couverture : nombre d'individus ou de foyers appartenant à la cible, touchés au minimum une fois par un message publicitaire.

CSA (Conseil supérieur de l'audiovisuel) : sa mission consiste à veiller au respect de la réglementation instaurée en matière d'audiovisuel.

CSP : catégorie socioprofessionnelle.

CSP + : catégorie socioprofessionnelle supérieure.

DEA : durée d'écoute par auditeur.

Dirmark : directeur du marketing.

Ecran publicitaire : diffusion de messages publicitaires dans un créneau horaire.

E-pub : mot formé par analogie au e-businesss. Il signifie « electronic publicity ». Il est essentiellement employé pour qualifier la publicité sur internet.

Etude qualitative : étude réalisée, par exemple, à partir de réunions de consommateurs et destinée à découvrir les raisons psychologiques et sociologiques qui poussent le consommateur à acheter. Etude basée sur la sensibilité du consommateur.

Etude quantitative : étude réalisée à partir de questions fermées et débouchant sur des données chiffrées.

Facing : nombre de fois où le produit est présenté de face dans un linéaire.

Feedback : réaction du public après la diffusion d'un programme, d'un message, etc.

Flooting : espace publicitaire télévisuel resté libre et que l'on achète au dernier moment (et donc moins cher).

Free-lance : indépendant.

Hors-média : se dit de toute publicité intervenant en dehors des grands médias (presse, radio, télévision, cinéma, affichage), comme le sponsoring, les différentes actions de relations publiques, etc.

In pack : coupon de réduction placé à l'intérieur du paquet.

ISA : imprimés sans adresse (prospectus, etc.).

Mailing : envoi de courriers ciblés à partir de l'exploitation d'un fichier.

Marketing direct : technique de vente qui met en relation directe le produit et le consommateur.

Marketing mix : combinaison de plusieurs modes d'action.

Marketing one-to-one : forme de marketing où l'accent est mis sur la relation personnalisée entre l'entreprise et le client.

Marque ombrelle : marque unique qui regroupe différents produits sous son nom. Par exemple : la marque Nestlé.

Média : support de communication comprenant l'affichage, la presse, la télévision, la radio et le cinéma.

Média de proximité : média local permettant de toucher une cible précise. Par exemple une radio locale.

Média planning : calendrier de diffusion des messages et des annonces publicitaires.

MEP : mise en place.

Merchandising : mise en place des produits dans les rayons de façon à attirer le consommateur.

Mood board : étude des orientations que prend la consommation.

One to one : stratégie de communication qui vise un type de consommateurs particulier et non pas l'ensemble des consommateurs.

One shot : programme conçu pour une seule diffusion.

OP : opération promotionnelle.

Packaging : conditionnement, emballage d'un produit.

Panel : échantillon représentatif d'une population donnée.

Parts de marché : partie du marché détenue par une marque, un programme, etc. (le résultat étant généralement exprimé en pourcentage).

Phoning : vente par téléphone.

PLV : publicité sur le lieu de vente.

PG : presse gratuite.

PHN : presse hebdomadaire nationale.

PM : presse magazine.

PQR : presse quotidienne régionale.

PQN : presse quotidienne nationale.

Post production : introduction, une fois le film réalisé et monté, d'effets spéciaux, de trucages ou d'images diverses.

Prétest : test d'une campagne avant son lancement

Preview : diffusion d'un message publicitaire (d'un film, etc.) en avant-première afin de tester les réactions du public.

Prix de référence : prix que le consommateur est habitué à payer pour un type de produits donné.

Produit d'appel : produit vendu à bas prix, destiné à attirer le consommateur vers un site commercial, voire vers d'autres produits.

Produit générique : produit vendu sans nom de marque.

Produit girafe : produit bénéficiant d'un pourcentage de produit gratuit. Par exemple, 20 % de produit en plus.

Prospect : cible, personne visée par une action.

QCM : questionnaire à choix multiple.

Quatrième de couverture : dernière page d'un support.

Queue de stock : produits invendus à la fin d'une opération commerciale.

Référence : produit. Par exemple : un magasin propose X références = un magasin propose X articles.

Régie publicitaire : entreprise ou service responsable de la gestion de l'espace publicitaire d'un ou plusieurs supports.

Rough : crayonné, esquisse.

RP : relations presse ou relations publiques.

Sampling : échantillonnage.

Scoring : évaluation basée sur des scores.

Segmentation : découpage d'une population présentant certains points communs, établis selon des critères précis. Par exemple, une segmentation géographique.

Stop rayon : publicité fixée directement sur le rayon et qui met généralement en valeur un produit bénéficiant d'une promotion.

Store check : visite, sur le lieu de vente, d'un responsable de promotion, afin d'observer le comportement des consommateurs.

Story board : document qui décompose plan par plan le scénario d'un film.

Taux de clic : nombre de clics enregistrés pour un bandeau par rapport au nombre d'impressions de cette même publicité.

Teasing : publicité en deux temps. La première phase est destinée à susciter la curiosité du consommateur en ne lui livrant que certains renseignements (formule choc, secret sur le nom ou le type de produit...). La deuxième complète et révèle l'information.

TG : tête de gondole.

Tirage : nombre d'exemplaires diffusés par un journal ou un magazine.

Trade marketing : marketing de la distribution.

USP (Unique Selling Proposition) : proposition unique et vendeuse, cœur d'une annonce.

VPC : vente par correspondance.

INDEX

A
Acheteur d'art	*47*
Acheteur d'espaces publicitaires	*39*
Agent	*52*
Annonceurs	*27*

B
Banque d'épreuves communes (concours)	*85*
BTS action commerciale	*80*
BTS communication des entreprises	*78*
BTS communication visuelle	*79, 93*
BTS expression visuelle, option espaces de communication	*80*
BTS industries graphiques	*94*

C
Cabinets	*25*
Cabinets conseils	*27*
CELSA	*74*
Chargé d'études	*53*
Chargé de promotion	*58*
Chef de produit	*56*
Concepteur-rédacteur	*41*
CV	*107*

D
DEA	*73*
DEESMA et DEESMI	*89*
DESS	*72*
Deug	*65*
Directeur artistique	*42*
Directeur de la création	*41*
DMA arts graphiques	*93*
DSAA	*94*
DUT info-com	*66*
DUT techniques de commercialisation	*67*

E

Ecole Estienne	*93*
Ecoles de commerce	*82*
Ecoles de communication	*86*
EFAP	*86*
ENSAAMA	*95*
ENSAD	*90*
ENSBA	*92*
Entretien	*110*
ESC	*84*
ESCP-EAP	*85*
ESSEC	*85*
ESTACOM	*87*
Etude qualitative	*26*
Etude quantitative	*26*

G-H

Glossaire des diplômes	*64*
Grande consommation	*28*
Graphiste	*79*
Groupes de communication	*18*
Guides « emploi »	*110*
HEC	*83*

I

IEP 82	
Illustrateur	*43*
Instituts	*25*
Internet	*30, 111*
ISCOM	*87*
ISCPA	*86*
IUP	*68*

L

Le Book	*51*
Lettre de motivation	*109*
Lexique	*169*
Licence info-com	*70*
Licences professionnelles	*70*
Lois Evin et Sapin	*15*

M
Maquettiste	*45*
Marché de la publicité	*15*
Marché du marketing	*24*
Mastères	*84*
Média planner	*50*
MSG	*72*
MST	*72*

P
Planner stratégique	*49*
Prestataires	*25*

R
Responsable commercial	*37*
Responsable de bases de données	*54*
Responsable merchandising	*59*
Responsable trade marketing	*60*
Roughman	*44*

S-T
Sciences com'	*88*
Stage	*103*
Sup de création	*89*
Sup de pub	*88*
TV producer	*48*

V-W
Vendeur d'espaces publicitaires	*38*
Web planner	*51*
Webmaster	*60*

LES ÉCOLES SE PRÉSENTENT

ECOLE SUPÉRIEURE DE PUBLICITÉ DE COMMUNICATION ET DE MARKETING*

▸ QUELQUES CHIFFRES

Visas et labels : Etablissement d'Enseignement Supérieur Technique Privé

Diplômes délivrés : 1er Cycle
(Diplôme d'état Bac + 2)
- BTS Communication des entreprises
- BTS Communication visuelle
- BTS Expression visuelle

2e Cycle
(Diplôme européen Bac +3)
- DEES Communication (Option relations publiques, Option création publicitaire)
- DEES Stylisme et Techniques de Mode

3e Cycle
- Master en Communication
- Master Administration des Entreprises

Directeur Général des études : M. Thierry Renaudin

Frais de scolarité : 3658,78 € à 4116,12 €

Financement : Prêt d'étude ou système d'alternance (financement des études à 100 %)

▸ SPÉCIFICITÉS

Ces formations permettent de former aux métiers de la Communication, de la Mode ou du Graphisme et de s'adapter à un contexte professionnel et socio-économique très évolutif.

Conditions d'admissions : Etre titulaire du Baccalauréat, étude du dossier de candidature et entretien.

Stage : D'une durée moyenne de 8 à 12 semaines

CONTACTS

ESPCM

*Département Art et Communication du Groupe Icoges

2 centres dans Paris
9, rue Saint Lambert
75015 Paris

Tel : 01 45 58 17 33
Fax : 01 45 58 61 59

69/71, rue Archereau
75019 Paris

Tel : 01 55 26 95 70
Fax : 01 55 26 99 32

Web site : www.icoges.fr

E-mail : info@icoges.fr